Then and There
久松農園のおいしい12カ月

そのとき、その場所で、
理論派の農業人と
発想の料理人が
織りなす季節の物語

角田奈穂子［著］
久松達央・横田渉［協力］ キッチンミノル［写真］

A&F

Then and There

久松農園のおいしい12カ月

そのとき、その場所で、
理論派の農業人と
発想の料理人が
織りなす季節の物語

畑と料理をめぐる物語の始まり

二週間に一度、私の家には宝箱が届く。太陽と水、土の恵みをたっぷり受けて、すくすくと育った「久松農園」の野菜たち。今日は春野菜セットの予定だが、実際にどんな野菜が入っているのかは、届いてからのお楽しみだ。

箱を開けた瞬間、畑の風がさっと吹いたようなみずみずしい香りが鼻をくすぐった。なかをのぞくと、縮れた緑のフリルがかわいらしいプチヴェール、すっとのびた茎がたくましいほうれん草、軽やかな葉を巻いたキャベツ、根の近くに色っぽい丸みを持つ西洋ねぎのポロねぎ、鮮やかな橙《だいだい》色のにんじんが並び、丁寧に箱詰めされて送られてきたことが一目で分かる。

野菜を取り出すと、手のひらに不思議な温かみを感じた。

前日に収穫されたばかりの新鮮な野菜とはいえ、温かいはずがない。だが、久松農園の野菜には、スーパーで買った野菜とはまるで違う生き生きとしたエネルギーが満ちあふれている。それが手肌にも伝わってくるのだ。

久松農園は、茨城県土浦市にある有機農園だ。オーナーの久松達央《ひさまつたつおう》さんは脱サラして未経験から農業の世界に飛び込んだ。一九九九年に独立し、一人で畑を耕すことから農園を始めた。今は七名のスタッフと年間一〇〇品目以上の野菜を露地で育て、契約している個人会員と飲食店に採れたての野菜を直送している。

久松農園のオーナー、久松達央さん（左）とシェフの横田渉さん（右）

久松さんが野菜作りに込める信念は、とてもシンプルだ。
「おいしい」と喜んでもらえる野菜を作り、味わってもらうこと。
その一点を追求し続けていることが有機農業での栽培になり、宅配便を使っての直送販売につながっている。

有機栽培の野菜を直販する農家は今の時代、そう珍しくない。私もいろいろな農家から取り寄せたことがある。だが、数あるなかでも、久松農園の野菜の味と香りは別格だ。甘みや苦み、酸味が複雑に味覚と嗅覚を刺激し、疲れた心と体を奥のほうからシャキッと立ち直らせてくれる力強さがある。

なぜ久松農園の野菜は、これほど滋味深いのだろう。私は、久松農園の野菜たちだけが持つおいしさの秘密が知りたくてたまらなくなった。

謎を探る鍵のありかは一人の料理人が教えてくれた。

この本のもう一人の主役、横《よこ》田《た》渉《わたる》さんだ。久松さんが「野菜のおいしさ」を追求するなかで、もっとも信頼している料理人である。横田さんは久松さんを始め、周囲から「渉さん」と呼ばれている。姓より名前で呼ばれることが多いのは、傑出したシェフでありながら、穏やかで親しみやすい人柄ゆえだ。本書でもふだんのように、「渉さん」と呼ばせてもらうことにしよう。

渉さんは、シェフとしてのルーツであるフレンチの食材や調理法にとらわれることなく、自由な発想を大切に、食べた人が喜びを感じる料理を追求している。

フリーランスの料理人として、ケータリングや自身のアトリエで「場」と「人」を温かく包み込む料理を作り続けてきたのも、その志の表れだ。私も渉さんの料理には何度も癒《い》やされてきた。

渉さんは毎月、久松農園に通い、その日、畑で出会った野菜たちを五感で受け取め、採りたての新鮮な野菜を使って、その場で創作料理を生み出しているという。久松さんと一緒に畑をめぐり、栽培や生育の様子を教えてもらったり、二人で語り合うことも、渉さんには料理の発想を広げる大切な起爆剤になっているとも教えてくれた。

「Then and There（そのとき、その場所で）」。それが、久松さんの野菜と渉さんの料理が創り出す世界の名前だ。

私は渉さんから「Then and There」の話を聞き、その場に立ち会ってみたいと強く思った。久松さんの野菜と渉さんの料理の奥に、おいしさの源が重なり合い、光を放っているような気がしたからだ。久松さんと渉さんの姿を通して、本物の野菜のおいしさとは何か、人が食べることの意味を少しでも学ぶことができるかもしれない。そう思い込んだ私は、久松さんと渉さんに無理を承知で頼み込んだ。一年間、二人の姿を追いかけさせてほしい、と。

この本は、二〇一七年十一月から翌一八年十月まで、写真家のキッチンミノルさんと二人三脚で、久松さんと渉さんを追い続けた記録だ。

一年の間には、食べることを通して人と人が深くつながり合う「Spot and Table」という稀有《けう》なイベントに出会うこともできた。

そんな素晴らしい畑と料理をめぐる物語をこれから始めてみよう。

久松農園のおいしい12カ月　目次

畑と料理をめぐる物語の始まり　002

1 Spot and Table

五月　おいしいものを食べて人は幸せになっていく　014

心の扉が開く感覚を共有する
その日にしかめぐり逢えない体験
見逃していることがいかに多いか
一皿の料理が人と食を結びつけていく

2 晩秋

十一月　深まる秋の畑に息づく熱量と知慮　034

点在する久松農園の畑
体のなかから湧き上がる農業への情熱
多品目の野菜を育てるということ

十一月の料理——カリフラワーのグリル　046
ポロねぎとカキのクリーム煮　050
ゴズィラーナのスパイスフライ　054

3 冬

十二月　食べる人が喜ぶものを求めて　060
寒風が引き出す野菜のうまみ
畑で繰り広げられる攻守のせめぎ合い
料理と農業の理想と原点

十二月の料理
根つき冬ねぎのグリル　ポーチドエッグを添えて　072
冬野菜と丸鶏のヴァプール　076
冬の葉野菜のウォームマッシュサラダ　080

一月　冬の野菜が教えるしみじみとしたおいしさ　084
厳冬の白菜を守る空気の層
有機農業は健康な野菜を合理的に育てる手段
野菜のおいしさに欠かせない香りの力

一月の料理
白菜のすき焼き風　096
生白菜サーモンロール　100
うまみ白菜のオーブンロースト
魚介と共に　104

二月　静かな畑に重なる冬のなごりと春の準備　108
畑の地力を取り戻す生物の営み
香りと甘さの間で揺れるにんじん
温度管理の技術が味に関わる貯蔵野菜
二月の料理――彩り大根とブッラータ　わさび菜ジェノベーゼ　122
大根サンドのフライ　タルタルソース　126
カラフルにんじんのレモン蒸し焼き　130

4 春

三月　菜の花からあふれ出る春のエネルギー　136
野菜愛に満ちた出荷作業
こぼれ種に学ぶ野生の味
菜の花は茎を食べる野菜
三月の料理――菜の花と生ハムのブルスケッタ　148
グリーンガーリックポタージュとマダイのポワレ　152
かぶの菜の花オレキエッテ　156

四月　五感を刺激するポップな野菜たち　１６０
季節を走り始める野菜の生長
「みさき」は春キャベツの無敗の横綱
「果たし合い」が奏でる二重奏
四月の料理――みさきキャベツと春野菜のバーニャカウダ　１７２
グリルキャベツとビーフステーキの甘夏ソース　１７６
キャロットケーキ　１８０

5 夏

六月　ハウスのなかで育つ夏の小さな宝石　１８６
鈴なりの赤、黄、緑のトマト
生育環境を制御するハウス栽培
夏の始まりから冬の準備も少しずつ
六月の料理――トマトとチキンのブレゼ　２００
冷製トマトそば　２０４
ミニトマトのクラフティ　２０８

七月　酷暑が襲う栽培作業と体の疲れ　212

消費者との顔が見える関係
決断を委ねる気持ちの間で
夏の食卓をパワフルに彩る

七月の料理――フレッシュコーントルティーヤとババガヌーシュ　226
夏野菜とエビのエスニックライス　230
スモークトマトスープ　234

八月　気温より先に野菜が伝える秋の兆し　238

生産性と味に関わる品種の特性
栽培から考えるか、販売から見るか
変化を恐れない組織がパワーを生む

八月の料理――バターナッツのロースト
ソーセージとモロヘイヤのグラタン仕立て　250
枝豆とシャドークイーンのハードブレッド　254
ホーリーバジルコーディアル　258

6 秋

九月　小雨の秋に揺れ動く葉野菜と人育て　264
掘り出される小さな人気もの
冬のうまみを作る葉野菜の蒔き時
三点の違いにこだわるために

九月の料理――落花生ミックスのビーフロールグリル　278
フレッシュ落花生とサンマのクスクスパエリヤ　282
ホームメイド落花生クリームと抹茶パンケーキ　286

十月　今、この瞬間も進化を続けていく二人　290
前へ前へと進む言葉を紡ぐ
また新しい次の一年へ
進化を続ける野菜と料理

十月の料理――ローストポーク　ポテトピューレ添え　304
クラッシュポテト
葉わさびのヨーグルトソースをかけて　308
じゃがいもガレットのサラダ仕立て　312

あとがき　316
久松達央・横田 渉　プロフィール　321

[本書のレシピについて]
・大さじ1は 15ml、小さじは 5ml。
・オリーブオイルはエキストラバージンオイル、油は米油を使用。
・ダッチオーブン、スキレット、グリルパンはLODGE社製を使用。
・オーブンを使用する場合は予熱する。

1

Spot and Table

Spot
and
Table

Spot and Table

五月　おいしいものを食べて人は幸せになっていく

心の扉が開く感覚を共有する

薄曇りの空がさあっと明るくなり、向こうに見える林の間から初夏の夕陽が煌《きら》めいた。今日一日、畑に集い、これから始まる宴を楽しもうと、乾杯のグラスを触れ合わす人たちを祝福するかのように輝いている。

久松農園を舞台にした「Spot and Table」は、二〇一八年五月二十六日、第六回を迎えた。今日の参加者は三十一名。皆、農園の畑を久松さんと一緒にめぐり、その後、畑にしつらえられたテーブルで渉さんの心尽くしの料理を味わうのを楽しみに訪れた人たちだ。

「『Spot and Table』は、他のどこにもない素敵な催し。畑を見学したり、料理をいただいたりするのも楽しみなんですけど、皆さんと一緒に過ごす時間と空間が本当に素晴らしい。一度参加すると、またあの時間を味わいたくなるの」と、リピーターの女性は教えてくれた。

「Spot and Table」は、渉さんが農園に通うなかで、久松さんに発案したイベントだ。

渉さんは日本のフレンチレストランで働いたあと、より幅広い料理の世界を知りたいと、二十七歳のとき、カリフォルニアに渡った。働いたのは、ナパやサンフランシスコの「ファンダイニング」と呼ばれる高級レストラン。厨房から次々と生み出される人と食材の関係が近い料理の発想にショックを受けた。

使う食材は、レストランのすぐそばにあるオーガニックファームやマーケットで手に入れた新鮮なものばかり。食材に合わせて、その日だからこそ食べられる最良のメニューが考え出される。

調理法や味、盛りつけも固定概念にとらわれることがない。移民の国らしく、さまざまな国をルーツに持つシェフたちが親から受け継いだ祖国の味を加えることも珍しくなかった。

渉さんは彼らの姿を見て、自分が日本に生まれ育った料理人であることを強く意識させられた。そして、どんな料理を作っても、日本人である土台は揺らぐことがないと気づいた。

であれば、日本の食材や味、鍛えてきた調理技術を生かし、柔軟に発想を広げた豊かな料理が作れるのではないか。それも、カリフォルニアで味わったような人と食材を密に結びつける料理を作ってみたい。

そう考えて帰国した渉さんは、「久松農園ならできる」と久松さんに相談したのだ。毎月、通う「Then and There」がアーティストとしての作品づくりのアトリエとしたら、「Spot and Table」は、作品発表の晴れ舞台だ。

久松さんも自身の農園を持って以来、契約している個人会員や飲食店の顧客を招き、畑で収穫を体験し、食事などを楽しんでもらう見学会を度々、設けていた。そのため、畑を一日限りのレストラン空間に変え、空の下で食を共有するという渉さんのアイデアはイメージしやすかった。

しかし、久松さんが「Spot and Table」の真の価値を心の底から実感したのは、二〇一五年十一月の第一回、参加者と共にテーブルに座り、料理とワインを味わいながら語り合っていたときだった。

周囲はすっかり陽が落ち、一灯の照明灯と焚き火の炎が人々を照らしている。光と影が交差するテーブルを挟んで、聞こえてくるのは、やわらかな笑い声や穏やかに交わす話し声。冷え込んできた空気に混じり、渉さんが煮込んでいるゴズィラーナのラグーから漂ってくる匂いも心地よい。

久松さんは同じテーブルに集う人たちの話に耳を傾けながら、誰彼となく、訥々《とつとつ》と思い出深い旅の記憶や人生に起きた豊かな時間について語り始めていることに気づいた。周りに目を向けると、他のテーブルでも同じように、大切な記憶の話が語られている。

「ある時空が開いたような、心の扉が開いて、それに触れる感覚というのか。話の内容もそうなんですけど、それだけではなくて、『ああ、分かる分かる』という心の交流が存在するのをはっきりと感じたんです。その感覚を渉さんを含め、あの場にいた人たち全員が共有していた。それまで経験したことのない強烈な体験でした」

久松さんは、本当に「おいしいもの」がどういうものか、人々にどう作用を及ぼすのかを目の当たりにし、自分も体感することになった。そして、野菜の作り手として、その感覚に関われる喜びが湧き上がるのを感じた。

「あの深い感覚を渉さんと農園のスタッフたちと共有できたことはとても大きい。たとえば、次の『Spot and Table』の相談をするときに、『あれがよかったね』という感覚の土台になっている。信頼関係って、この深い感覚の共有のことだと思うんです。僕と渉さんは感覚の共有を積み重ねてきているから、『Spot and Table』は他の人とやれる気がしないですね」

休憩所のキッチンが調理の場に。外の水場も使う

テーブルの土台はコンテナ。畑のレストランができあがっていく

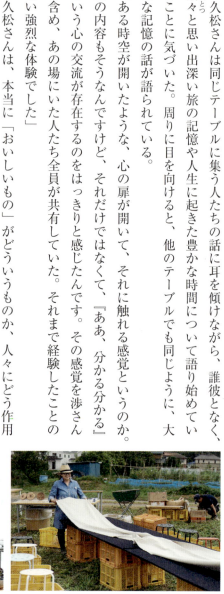

その日にしかめぐり逢えない体験

「Spot and Table」の進行は毎回、ほぼ同じように流れる。到着した参加者は、すぐに畑に向かう。久松さんの説明を聞きながら数カ所の畑をめぐり、野菜の収穫を体験したあとは、畑に作られたテーブルで渉さんの料理を楽しむ。

しかし、出会うできごとは、その日、その場にいなければ経験できないことばかり。久松さんと渉さんたちが畑めぐりからレストラン空間のしつらえ、メニューのセレクト、サービスの仕方まで、毎回、ベストな形を模索し、手を加えているからだ。

六回目の「Spot and Table」も当日になってから、テーブルを置く畑を変えた。予定では、栽培中のズッキーニやスナップえんどうの畑に近い、何も植えられていない畑だった。

だが、朝、畑を眺めた渉さんは、予定していた畑の隣にある畑を会場にしたいと久松さんに相談した。その畑は次の作物を植えるまでの準備として麦が蒔《ま》かれ、青々とした葉をのばしていた。

「麦の葉の絨毯《じゅうたん》の上で草の香りに包まれながら、料理を召し上がっていただきたいと思ったんです。そのほうが、よりいっそう畑を身近に感じることができる。久松さんには、『野菜が育ってる畑から遠いじゃねぇか。今まで準備してきたのは何だったんだ』と、ぼやかれましたけど」と渉さんは苦笑いした。

麦の葉を刈り取り、整地した畑には、さっそく何本もの細長い竹が優美な曲線を描くオブジェが作られた。制作したのは、竹細工作家の橋本千菜美《はしもとちなみ》さんだ。本業のかたわら、久松農園の出荷スタッフとして働いている。

久松農園で働く人たちには、橋本さんのように意外な経歴を持つ人もいる。たとえば、野瀬建《のせたつる》さんもその一人。久松さんの自著に魅了され、一緒に働きたい、農業に取り組みたいとIT企業の会社員から転職した。

「Spot and Table」は、農業への熱意にあふれるスタッフたちが、自分たちの作った野菜を目の前で食べてもらい、参加者とゆっくり話せる貴重な機会でもある。

「今日は、お客さんがスタッフに注目してくれるといいなぁ。配膳しながら、彼らからもっと話しかけるようにすればいいのか……」

準備が一息ついたランチタイムに久松さんは渉さんが用意したカレーを食べながら、そうつぶやいた。

見逃していることがいかに多いか

午後三時、「Spot and Table」が始まった。畑のすぐそばに横づけされたバスから「何が見られるのだろう」と期待に満ちた表情の参加者が降りてくる。

まず案内されたのは、にんじん畑。四列の畝《うね》が並び、細かい葉が扇のように広がり、細い茎をシャキッと空に向かってのばしている。

「左側の二列と右側の二列で大きさが違うのが分かりますか？」

久松さんが問いかけた。確かに左側の二列は右側に比べて葉ののびがよく、大きい。左側は二月に種を蒔《ま》き、左側は三月に蒔いたもの。種蒔きの時期をずらすことで、出荷期間に幅を持たせている。

久松農園の契約者、なかでも一般家庭の人は、届く時期によって、にんじんの育つ環境が違うと気づくことは少ないだろう。しかし、実際に畑を見ると、届く時期が違えば、生育時期も違うことを初めて知る。

セロリ畑では、生育ステージで異なる根の生長に注目させられた。三週間、地上部の茎葉の生育が早かった株は、根の張り方がまるで違う。先に育ったセロリを畑から引き抜いた人たちから、「おおっ」という声が上がった。根の全体が大きく、ふっくらとしていたからだ。

「これはグリーンセロリといって栽培期間が短く、お店などではあまり売ってなかったりする品種です。セロリは全身がセロリ。嫌でなければ、根っこも食べてみてください」

久松さんの言葉に誘われ、勢いよくかじる人もいれば、恐る恐る根の端をかじってみる人も。久松さんが「全身がセロリ」と言う通り、根にもさわやかな苦みを感じる。

畑の説明をする久松さん。その横に立つのは農園スタッフの松永さん

参加者が到着。さっそく畑めぐりへ向かう

「あれ？　ちょっとしょっぱくないですか？」

一人の男性が声を上げた。久松さんは、その質問を同行していた農園スタッフの松永《まつなが》ゆかりさんに振った。松永さんは久松農園と契約者を結ぶ販売部門のスタッフだが、前職はプロの料理人だった。

「鋭い舌をお持ちですね。私もこのセロリを食べたときは、塩っぽさとスパイシーさを感じました。ちょっとこしょうの風味にも似てませんか？」

松永さんは、グリーンセロリをハーブのように使うアイデアを教えてくれた。久松農園のセロリは葉もたっぷりついたまま届く。その葉を細かく刻み、炒飯やピラフの仕上げに、こしょう代わりに使うと、ピリッとしたスパイシーさが加わり、味がぐっと引き締まるという。松永さんの話を聞いているだけで、さっそく試したくなる。

さらに赤サラダからし菜や「ブラックローズ」という深い赤色のフリルレタス、小松菜などの畑も見学し、最後はズッキーニ畑へ。

ズッキーニは株元の節から花が咲き、実がなる。株のそこここで咲いている黄色の花が美しい。今日のために用意された一畝から、気に入った実をハサミでサクッと切り取る。かじると、その軽やかな甘みに驚く。ズッキーニが、これほどの甘みを持っているとは、採れたてでなければ味わえない。

ズッキーニは、さやえんどうやなす、ピーマンなどと同じ「若採り」される野菜の一つ。若採りとは、熟しきらないうちに実を収穫することを指す。

参加者の質問に久松さんは生育の様子を交じえて答える

収穫体験を通して参加者たちは畑の野菜と触れ合う

若採りの野菜は一日でも収穫するタイミングが違うと、実の大きさとかたさ、味が変わってくる。

「そのバランスがもっともいいものを見つけて収穫することは、栽培の大きな楽しみ」と久松さんは話す。

「ズッキーニは種蒔きから収穫までの期間が短い野菜です。種を蒔いて苗を育てるまでに一カ月、苗を畑に植えて一カ月で収穫を始めます。収穫も茨城では長くても一カ月半ほど。寿命が短い野菜の一日は、人間の数カ月から一年に相当する。生き物ごとに時の重みが大きく違うことを考えさせられます」

久松さんは畑めぐりの最後をそう締めくくった。

毎日、口にしている野菜がどのように育てられているのか、どのような流通を経て届いているのか。当たり前と思っていることが、当たり前ではないこと、見逃していることがいかに多いかを久松農園の野菜たちは教えてくれる。それも、ただ眺めていただけでは分からない。久松さんたちが説明してくれるからこそ、気づくことができるのだ。

一皿の料理が人と食を結びつけていく

畑の香りをたっぷり味わったあとは、待ちかねたディナータイムだ。

まずはウェルカムドリンクが参加者ののどを潤す。久松農園の濃厚なにんじんジュースを使った鮮やかなジュレが浮かぶソーダだ。

テーブルを華やかに飾るのは、ガラスの器に飾られたカラフルな野菜たち。花つきのズッキーニや赤大根の「紅くるり」、葉つきにんじん、フリルレタスの「ブラックローズ」などが、かわいらしくガラスの向こうに透けて見えている。

テーブルコーディネートを担当したのは、松木絵美奈《まつきえみな》さんだ。プロの料理人の視点から、配膳のすべてに目を配る。渉さんにとっては、二人三脚で運営する食のプロデュース会社「CONVEY」の社長であり、人生のパートナーでもある。公私共に大切な存在だ。

今日の料理は、ワインとチーズがテーマの一つ。「Spot and Table」も回を重ねるにつれ、久松さんや渉さんと縁のある人たち、そして食材の輪が広がるようになった。

久松さんと渉さんによる開会の挨拶のあと、スピーチしたのはワインを提供した「ビーニーズヴァンヤード」の今村ことよさんだ。今村さんは筑波山麓にあるつくば市の神郡《かんごおり》で、二〇一五年からワイン用のぶどうを栽培している。

「乾杯のワインに使われてるぶどうは、二〇一六年に収穫したものです。そのぶどうを一度、ワインにしてから二次発酵させています。瓶詰めをしながら酵母を足しているんです。瓶詰めから一年二カ月ほど経ち、酵母のうまみがいい状態になっていると思います。お料理との相性も楽しみながら、筑波山麓のワインをゆっくりと味わってください」

今村さんのスピーチが終わると、スパークリングワイン「Episode 0」の栓がポンポンと抜かれた。「乾杯!」の声が響く夕暮れの下、この場にいるすべての人が立場を超えて、同じテーブルを囲む宴が始まった。

一品目は前菜。シンプルに煮込み、前年に収穫したコリアンダーシードを振った「たまねぎ&玉ねぎ」、小松菜を混ぜ込んだ生地を立方体に焼き、小松菜のペーストをのせた「小松菜キューブ」、じっくり焼いたズッキーニにフォアグラのゼリーを重ね、ピンクペッパーを飾った「フォアグラゼリー ON チャコールドズッキーニ」の三品だ。どれも主役の玉ねぎ、小松菜、ズッキーニのうまみがしっかりと引き立って

つくば産のぶどうを使ったスパークリングワインで乾杯

渉さんの創作料理を味わう食事が始まった。まずは挨拶から

農園のスタッフも今日は給仕係として参加

テーブル近くの作業台では渉さんが前菜を仕上げ中

フレッシュな野菜がリコッタを包むサラダ

初対面の人とも食を囲むと笑顔になる

久松さんは積極的にテーブルをまわり、参加者と言葉を交わす

ピンクペッパーが飾られたズッキーニの前菜

いる。

二品目は今日のテーマのチーズを使った「畑でリコッタを巻いて」。「ブラックオリーブ」などのフリルレタスの上に、紫玉ねぎ、ミニトマト、ブラックオリーブ、カリカリに焼いた薄切りのメルバトーストが重ねられ、リコッタチーズがこんもりと盛りつけられている。

仕上げに香りづけのオリーブオイルを一振り。午後にめぐった畑を思い出しながら、レタスでくるりと巻いて食べる遊び心のある一品だ。

リコッタチーズは、茨城県石岡市にある「石岡鈴木牧場」のもの。乳牛の健康を第一に考えた酪農を続けている牧場だ。

農園を始めたばかりの頃、久松さんは石岡鈴木牧場と出会い、健康な牛を育てるために飼料となる牧草畑に農薬を使わず、土作りと堆肥作りにも徹底的にこだわる姿に多大な刺激を受けた。

「石岡鈴木牧場に行くと、酪農場で感じる牛舎独特の臭いがまったくしません。その理由が、牛たちが良質な餌を食べて健康に育っているからだと知りました。それほどの手間をかけながら、当時は共同組合に普通の牛乳として出荷し、経営が成り立っていた。僕は話を聞いて有機農業への考えが深くなり、勇気づけられました。あれから十八年経った今日、こうした形でご一緒することができて、拍手したい気持ちです」

久松さんが話す石岡鈴木牧場のこだわりは、料理にも生かされた。まるで

香ばしい匂いとかすかな煙が漂う鮎の燻製が配られる

厨房も空の下。参加者が渉さんの調理を見学することも

畑を耕すようにグラスのなかで塩麹と豆乳のソースと混ぜながらいただく三品目のサラダ「プラウ」、セロリとグリーントマトのピクルス、ナッツが味のアクセントになった四品目の「ローストビーフ　セロリの香りを添えて」に続き、登場した五品目は今日の宴を象徴する一品だった。

名前は「鮎　干し草の燻製　乳のつゆ」。使われたのは、石岡鈴木牧場の干し草とヨーグルト。干し草で燻製した鮎をホエイ（乳精）にくぐらせていただく一品だ。頭や骨も余さず、こんがりと焼かれ、燻製された鮎には、スライスされたズッキーニが添えられている。

香ばしい煙を漂わせ、料理が配膳される間、石岡鈴木牧場の三代目、鈴木績《いさお》さんの奥様、美登里《みどり》さんが干し草をテーブルに配ってくれた。美登里さんに言われるまま、干し草を噛ってみると、ほのかな甘みと牛乳のコクに通じるようなうまみがある。噛んだ瞬間、「あ、おいしい」と笑みがこぼれる味だ。

この干し草を食べている牛の生乳から作られたリコッタチーズとヨーグルトだからこそ、あの清々しい透明感のあるおいしさが生まれるのだろう。実際に見たことはなくても、のびのびと草を食《は》む乳牛の風景が脳裏に浮かんだ。

ふっと会場全体を見渡すと、久松さんだけでなく、料理を運んでいる農園のスタッフも、テーブルの人たちと言葉を交わしている。野菜をどう育ててきたのか、説明する顔が時折、パッと輝く。それに照らされるように、食事を楽しむ人たちの表情も明るくなるのが素敵だ。

ろうそくの小さな灯りが人々を親密な関係にしていく

日が暮れると灯りはわずか。五感が鋭くなってくる

テーブルに並ぶ一皿一皿が、人と食の物語をゆるやかに紡いでいく。その始まりを作り出し、物語を支えるのは、久松農園の野菜と渉さんが料理に込めた思い。そして、時間と共に物語は深まり、集った人たちの心をほぐし、大きく広がりながら、笑顔を結びつけていく。

とっぷりと陽も暮れ、メインの「ラムのロースト　ベジタブルエッセンス」が出る頃だった。ラムを焼いた炭火を前に、久松さんと久松さんの長女の奏《かな》子《こ》ちゃんが立っていた。小学六年生ながら、奏子ちゃんも宴の大切な一員として、渉さんを手伝っていた。

久松さんは、食事をする人たちをうれしそうに眺めている奏子ちゃんに、穏やかな笑顔で語りかけた。

「人はおいしいものを食べて、幸せになっていくんだ」

久松農園を舞台にした「Spot and Table」の物語は、これからも続いていく。将来は久松農園を飛び出し、舞台を替えて繰り広げられることがあるかもしれない。

渉さんは、「Spot and Table」を、しょうゆ蔵やワイナリーでもやってみたいという夢を抱いている。どんな物語が紡ぎ出されるのか。デザートの「キャロットケーキ」をほおばる人たちの笑顔の先に、きっとその続きは隠されているのだろう。

デザートのキャロットケーキ。心地よい時間が続く

セロリの香りもさわやかなローストビーフ

2

晩秋

Late
Autumn

十一月　深まる秋の畑に息づく熱量と知慮

点在する久松農園の畑

二〇一七年十一月二十八日、「Then and There」に初めて同行した日は、車から降り立った瞬間、吹く風から冬の気配を感じた。

晩秋の青空が広がる土浦の最高気温は、一五・三度。東京とさほど数字は変わらないが、肌に当たる風が強い分、体感温度は低い。久松農園がある地域は毎年、十一月二十日頃からぐんと気温が下がる。この年も十日ほど前に初霜が降りた。

「やっぱり霜が降りるとぐっとくるんだよね。今年は十月に雨が異常に多かったりして、畑全体が水っぽかった。なかなか乾燥に向かわなくて、ずっと土が湿っている感じだったんですよ。そんな年でも、冬に向かうにつれて土が乾いてきて、締まってくるのが面白い」と久松さんは話す。その表情は、どこかうれしそうだ。土が「締まる」と、栽培にどんな影響があるのか。その答えは、寒さが増す晩秋から冬の畑をめぐるうちに少しずつ分かってきた。

久松農園は全部で六ヘクタールほどの畑を持っている。そして、それらの畑は、事務所を中心にした近隣の十カ所ほどに点在している。畑によっては、事務所がある場所から、あるいは、畑から畑に移動する際、車が必要な距離にある。畑が点在している理由は、久松農園の成り立ちが関係している。

久松さんは一九九四年、慶應義塾大学経済学部を卒業し、帝人に入社。大阪本社で工業用繊維の輸出営業を担当していた。仕事は面白かったが、入社以来、感じていた会社員という立場や働き方への違和感はずっと拭えなかった。

ビジネスパーソンとしての評価が個人の能力や成果より、学歴や語学力などの分かりやすい「看板」で測られやすいこと、大組織ゆえの動きの鈍さ、何かにつけて求められる集団行動の不条理。久松さんは、次第に「スピード感が求められる時代には、大きな組織ではなく、自立した個人のゆるやかなネットワークが重要ではないか」という思いが強くなっていった。

求められる仕事は達成していたものの、気持ちが会社から離れるにつれ、関心が向かったのは、当時、夢中になっていたアウトドアの世界だった。

「空の狭い都会の圧迫感から逃げたい」

久松さんは週末になると車にテントを積み、京都や奈良、四国にまで足をのばし、キャンプをするようになった。自然を散策し、夜になれば焚き火をし、飯盒《はんごう》で作った飯を食べ、酒を飲んでテントで眠る。高校時代に愛読した椎名誠や野田知祐の世界をなぞることで、会社員になった息苦しさを癒やそうとした。そのなかで出会ったのが、環境保護や民俗学の自然と人が深く関わる運動や学問、そして、有機農業だった。

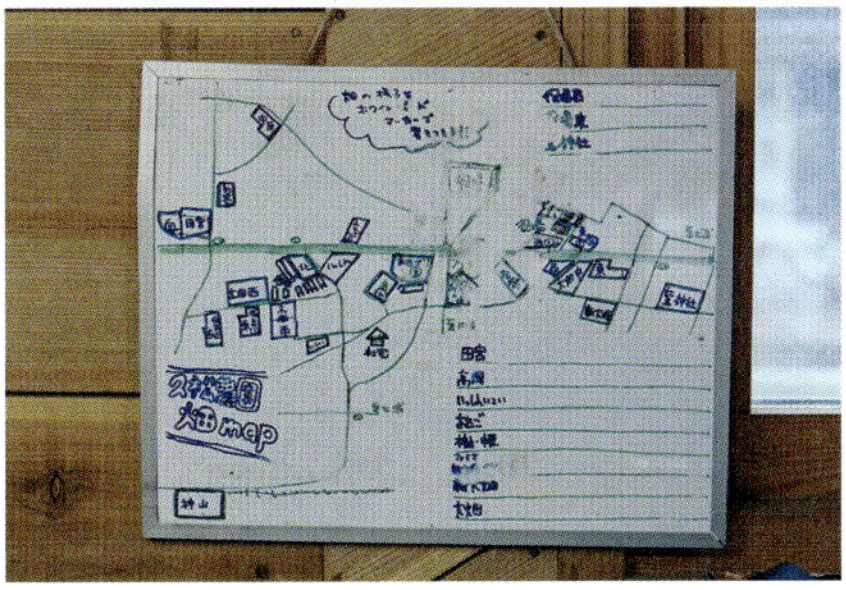

事務所を中心に近隣に点在する農園の畑

体のなかから湧き上がる農業への情熱

自由とは何だろう。この頃、久松さんが悶々《もんもん》と考え続けていた問いだ。

就職するまで、敷かれたレールの上を歩くことに疑問を持たなかった久松さんは、三重県の長良川河口堰の反対運動で知り合った人たちに刺激を受けることになった。社会やお金という「型」にとらわれることのない、彼らのたくましい生き方は新鮮だった。

当時はバブル経済が崩壊し、出口の見えない不況と共に、社会に閉塞感が増し始めた頃だ。会社に縛られない生き方を模索し始めた久松さんは、田舎暮らしに憧れ、農業に目を向けることになった。田舎暮らしを考える人たちが、転職先として農業を選ぶことが多かったからだ。

「有機農業に出会ったのは偶然」と久松さんは言う。

実家の近くに住んでいた祖父母が兼業で農業を営んでいたものの、久松さん自身は無縁の生活を送ってきた。子どもの頃、正月や盆に畑に連れていってもらうこともあったが、祖父母と農業の話をしたことはない。

しかし、農業への憧れは募るばかりだ。手当たり次第に農業関連の本を読んでいたときだった。学生時代から関心を持っていた環境問題と農業が深く結びついていることを知った。そして、その解決の鍵を握っていたのが、有機農業だった。

当時の気持ちを、久松さんは自著の『小さくて強い農業をつくる』(晶文社)にこう書いている。

「環境への問題意識、現代文明への疑問、都会への嫌悪、シンプルな生き方志向、学歴が通用しないフェアな世界への憧れ。そういう霧のようなモヤっとした憧れに『実体』を与えてくれたのが有機農業でした」

それからの久松さんは、「体の中から湧き上がる理由のない情熱」に突き動かされ、就農の道を探ることになった。茨城県にある農業法人での研修を決め、四年六カ月勤めた帝人を退社。周囲に反対されながら、未経験で農業の世界に飛び込むことになった。

研修先では、夢に描いていた農業と現実のギャップ、農業をビジネスとして成立させる知識と技術の必要性を知ることになる。そもそも有機農業とは何なのか、という根本的な疑問にもぶち当たることになった。

それでも、「農業をやりたい」という情熱は消えることがなかった。研修が終わった翌日の一九九九年十一月一日、以前から親戚を通じて借りていた一〇アールの畑を四〇アールに増やし、独立の第一歩を踏

「今年は葉の幅の広さがちょうどよかった」というターサイ

飲食店向けの出荷が多いロマネスコはカリフラワーの一種

ロマネスコとブロッコリーの畝が並ぶ畑

久松さんが隠れそうなほどカリフラワーの葉は大きい

み出した。この頃から久松農園は、近隣の土地を借りて農地を広げてきた。借りるのは、他の農家が耕作を諦めた場所だ。野生化した芝におおわれ、雑草さえ生えていない土地もあった。それらの土地を久松さんは一人で開墾することから始めた。そのため、久松農園の畑は複数の場所に点在することになったのだ。「Then and There」でめぐっているときも、開墾中の畑があった。久松さんたちの手で耕された土のなかでは、ミミズなどの土壌動物、細菌や菌類などの土壌微生物たちがうまみを作り出す畑への変化を助けている。

目には見えないもの、見逃しがちなものに五感を開き、しっかりと感じ取ること。「Then and There」の取材には、その力が必須であることに、私はその後、何度も思い知らされることになった。

多品目の野菜を育てるということ

「Then and There」では、まず畑をめぐり、渉さんは久松さんの話を参考にしながら、料理に使いたい野菜を収穫する。畑めぐりのなかで、渉さんはパートナーの絵美奈さんともよく話す。畑で見たり、味わった野菜を自分だけの印象で問答するより、料理人として別の視点を持つ絵美奈さんと意見を交わすことで、料理の発想に深みが出るからだ。

十一月の「Then and There」は、私とカメラマンのキッチンさんが初めて同行することもあり、久松さんは全部の畑をめぐってくれた。最初に向かったのは、「神社」の通称で呼ばれている畑。三〇アールほどの広さがあり、久松農園では中規模の畑だ。

でも、なぜ畑の名前が「神社」なのだろう。

「そばに神社があるから」と、答えはあっさり判明。他の畑も近くの建物や地名から名づけられていた。

「最初に地名から『大畑』と名づけた畑があって、次に借りたところを『新大畑』と呼んだんです。で、ここを借りたんですけど、『新新大畑』と呼んだ時点で命名ルールが破綻したので、『神社』に変えようと」

なるほど。

「神社」の畑を見渡すと、真っ直ぐにのびる畝は一列から二列ほどの並びで、葉の色と形が違う。薄緑色の畝もあれば、深い緑色の畝、濃い赤紫色の葉が点在している畝もある。

久松農園が育てている野菜は、年間を通じて約一〇〇品目にも上る。この時期の「神社」の畑だけで、赤小松菜、小松菜、べか菜、ほうれん草、かぶ、大根、ルッコラなど、育てられていたのは一五品目。それも、野菜によっては違う品種を育てることもある。たとえば、大根は「ミニコン」と「三太郎」という違う品種が育っていた。

久松さんと渉さんは、畝をまわりながら目についた葉茎菜類を抜き、葉や茎を口に含んで香りや味、食感を確かめている。

「渉さん、かぶの葉が今までと違ってガチッとしてきたのが分かります？十一月くらいから、こういうたくましい形になると僕はすごくうれしいんです。葉と根には味とテクスチャーがよくなるバランスがあって、そのバ

ゴワッとした手触りのなかにうまみが詰まっているゴズィラーナ

晩秋のカリフラワーとロマネスコの畑

ランスがよくなるのが、今からの時期。さらに水分が抜けて、締まったいい根になってくるんです」

「この小松菜、根が途中で何かに切られたか、水没したかで、正常な生育をしていない。でも、こういう小松菜のほうが味が濃いこともある。時間をかけずにすっと成育したものが、必ずしもおいしいとは限らない」

久松さんの説明は品種の違い、全体的な色や形だけでなく、葉や茎の厚み、かたさ、つやや手触り、根の長さ、のび方といった細部にまで及ぶ。さらに食文化の歴史、農業が抱える課題、消費者が好む野菜に対する作り手の考えにも広がっていく。

渉さんは時折、質問や相づちを挟むが、手にした野菜に触れたり、畑を眺めながら、静かに聞いているほうが多い。

二人に倣《なら》って、ほうれん草の茎をかじってみた。驚いたのは、その甘みだ。私の自宅に久松農園から宅配便で届くほうれん草でも充分おいしいのに、採れたてはもっと複雑な味わいがある。

「ほうれん草、うまいですね」と、渉さんの顔がほころぶ。その言葉に、久松さんの表情が和らいだ。

渉さんが「Then and There」のために毎月、通い始めたのは二〇一五年六月から。その前から不定期に通い、畑の移り変わりを継続的に見てきた渉さんの「うまい」の一言は重みが違う。二人の間に流れる空気には、言葉には表れない熱量のやり取りがある。

久松さんは、栽培する野菜に対して、「何をゴールに考えるか」を重視している。そのゴールを左右する要素は香り、味、テクスチャーと多岐にわたる。どのように栽培した野菜なら、人間が持つうまみの感覚を刺激し、満足させられるか。

「自分が感覚的にこれがいいだろうと目指して作るけれど、狙った通りに栽培する技術が足りなかったり、食べる人に喜ばれる要素を持っていなかったり、ということがある。そして、実際に食べてどう感じるかという反応は、人に聞かなければ分からない」

とはいえ、誰に聞いてもいいわけではない。評価の基準となる人が重要だ。久松さんは、その信頼元として、「Then and There」が始まった頃から、渉さんの意見を参考にするようになった。

「適切な評価が得られることで、栽培の計画、実行、評価、改善というPDCAサイクルがまわるようになる。もちろん、このPDCAサイクルは、渉さんと共有するだけでなく、スタッフとも行い、共有しているわけですが」と久松さんは言う。

「PDCAサイクル」とは、生産・業務プロセスで品質の改良・改善を必要とする部分を特定・変更す

緻密で純白の花蕾を持つカリフラワー

るための手法をいう。「plan（計画）」「Do（実行）」「Check（評価）」「Act（改善）」のサイクルをまわすことで継続的に改善していく。

私たちはさらに、にんじんの畝が畑いっぱいに並ぶ「新大畑」、水菜やターサイ、赤かぶなどを育てている「役場①」、扇のような葉をワサワサと広げるキャベツやカリフラワー、ロマネスコが並ぶ「役場②③」、黄色や紫が美しい色にんじんの「愛宕」、ポロねぎと冬ねぎの「田宮」などの畑をめぐった。

車での畑めぐりが終わり、事務所がある敷地に戻ると、その横の畑では春菊、ケール、ゴズィラーナ、プチヴェールが育っていた。たくあん用に使われる大根もずらりと干されている。

久松農園が多品目を栽培していることを頭では分かっていたが、実際に畑をめぐり、生育期間も手間のかけ方も違う野菜たちを目にすると、どれほどの労力がかけられ、変化を見抜く鋭い観察眼が必要なのかと、その情報の多さを消化しきれない自分がいた。

久松さんたちは、目指す野菜のゴールには感覚的な要素を重視し、栽培には生産や品質の管理を円滑に進め、継続的に改善していく業務管理の手法も採り入れている。スタッフ数が限られるなかで、多品目の野菜をいかに効率よく作り、高みを目指していくか。久松農園に息づく知慮を垣間見た気がした。

天日干しされた360本のたくあん大根

土寄せされた冬ねぎの畑

十一月の料理

・カリフラワーのグリル
・ポロねぎとカキのクリーム煮
・ゴズィラーナのスパイスフライ

カリフラワーのグリル

焼いて楽しむきめの細かいねっとり感

十一月の畑をめぐるなかで、渉さんがまず目に留めたのは、カリフラワーだ。この「ブライダル」という品種は、久松さんによると「日本で栽培されているカリフラワーのなかでは、古い品種」という。

カリフラワーはアブラナ科の一年生、または二年生の植物。食用にする部分の白い球は、「花蕾球《からいきゅう》」と呼ばれる。花蕾とは、多数の花芽が発育したもの。「ブライダル」は花蕾が純白で厚みがあり、緻密なのが特徴だ。

「収穫が始まった頃のカリフラワーは繊維がシャキッとしていて、コリコリとした歯ごたえが楽しめます。霜が降りると表面が傷つき、茶色いシミのような斑点が出てきますが、寒さにさらされたことで甘みがぐっと増してきます。十一月末は久松農園のカリフラワーが一番おいしい時期なんです」と渉さんは言

中火でじっくり焼くことで、うまみが引き出される

う。

カリフラワーはゆでて食べることが多いが、渉さんは「じっくりと焼いてみてほしい」と話す。水分が飛び、甘みをより強く感じることができるからだ。また、きめ細かいねっとり感も増す。

渉さんは歯ごたえが楽しめるように大きく四つに切った。焼く前にオイルを振るのは、グリルパンの溝に油がたまり、酸化した臭いが料理につくのを避けるためだ。

「焼き目がつくように、時々グリルパンに押しつけ、五分ほど経ったら面を替えてください。表面に透明感が出てくるまで焼くのが目安です」

焼き上がったカリフラワーには、ベーコンと玉ねぎ、黒オリーブを使った酸味のある温かいコンディモン（手作りの調味料）をかける。

「カリフラワーのうまみには、肉に共通する香りと風味を感じます。豚の脂と合うと思い、ベーコンを使いました。晩秋のカリフラワーはスープにするのもいいですよ。その場合もしっかりゆでてから。ミキサーにかけ、牛乳やだし（ブロス）でのばすと、ふんわりした味のスープになります」

一面を５分ほど焼いたら、面を替えてまんべんなく焼く

ベーコンの脂のうまみがカリフラワーにはよく合う

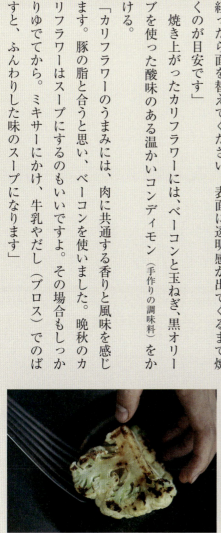

カリフラワーのグリル

材料（2人分）

カリフラワー（縦4つに切る）……1/2個
オリーブオイル……大さじ2
塩……小さじ1
黒こしょう……少々

［コンディモン（手作りの調味料）］
ベーコン（細切り）……80g
にんにく（みじん切り）……1片
玉ねぎ（角切り）……1/2個
塩……少々
黒こしょう……少々
酢……大さじ3
みりん……大さじ1
しょうゆ……小さじ1
水……50ml
粒マスタード……小さじ1
黒オリーブ（種なし）……8個
オリーブオイル……大さじ2

赤からし菜……適量

作り方

① カリフラワーはオリーブオイル、塩、黒こしょうを振る。
② グリルパンに①を並べ、焼き目がつくまで約30分、じっくり焼く。グリルパンがない場合は、200℃のオーブンで約15分焼く。
③ カリフラワーを焼いている間にコンディモンを作る。フライパンにベーコンを熱し、脂が出てきたら、にんにく、玉ねぎを加えて炒め、塩、黒こしょうを振る。酢、みりん、しょうゆ、水を加え、ひと煮立ちさせる。粒マスタードと黒オリーブを加えてひと混ぜし、火を止めてから香りづけにオリーブオイルを加える。
④ カリフラワーを皿に盛り、③をかける。赤からし菜を添える。

ポロねぎとカキのクリーム煮

ポロねぎの甘みを魚介にまとわせて

ふつふつと乳白色の大きな泡が、鋳鉄製のオーバルサービングディッシュのなかで躍っている。やけどしないように気をつけながら、熱々をすくって食べてみた。

ポロねぎを噛むと、するっと溶けてしまうくらいなかはとろとろ。焼けた芽キャベツの香ばしさと、ほのかな甘みもいい。プチヴェールのかすかな苦みが、クリーム煮のちょうどいいアクセントになっている。

「十一月中旬から下旬の野菜は、コクが凝縮されています。味がぼんやりしがちなクリーム煮も、秋野菜の持ち味を充分に引き出し、塩加減に気をつけることで、芯の通った一品になります」

調理のポイントは、まずオリーブオイルでポロねぎ、舞茸、芽キャベツを焼き色がつくくらい、じっくり焼くこと。香りが

だしの役目も果たすポロねぎは厚めに切る

ぐっとよくなる。

塩加減のコツは下味にある。カジキとカキの下ごしらえで振る塩を心持ち強めにするのだ。ここで塩をきちんと振ることで、焼いている間に塩けと野菜のうまみが生クリームとなじみ、食材全体を風味よく包み込むソースになってくれる。

ポロねぎや芽キャベツの野菜類を焼くときにも塩を振る。渉さんが料理に使うのは、福岡県糸島市に製塩所がある「またいちの塩」だ。

「焼いたあとに液体を加える料理は、下味、または焼くときの塩を気持ち強めにします。それから液体を加えると、塩がソースに溶け出し、いい塩梅になります。仕上げに加える塩は、今ひとつ塩けが足りないと思ったときの調節程度に。料理に液体を加えてからでは、いくら塩を加えても、素材の味を引き出す力にはなってくれないのです」

プチヴェールを最初から焼かず、生クリームと一緒に加えるのは、その軽やかな苦みを生かすため。ソースをカジキとカキにまわしかけながら沸騰させ、煮詰めせることで、味がぴったりと寄り添うようになる。

焼くときに気持ち強めに塩を振る

火の通りに時間のかかる野菜から順に焼く

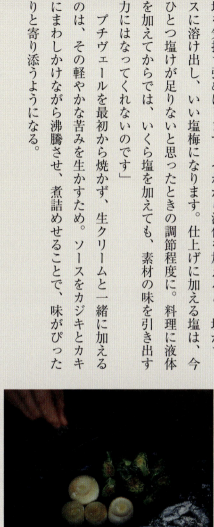

ポロねぎとカキのクリーム煮

材料（2人分）

カジキ……2切れ
カキ（むき身）……6個
ポロねぎ（輪切り）……1/3本
舞茸（ほぐす）……1/2パック
芽キャベツ（縦半分に切る）……4個
プチヴェール（ほぐす）……4個
バター……15g
白ワイン……大さじ1
カキの汁（または水）……大さじ3
ケーパー……大さじ1
生クリーム……100ml
塩……適量
白こしょう……少々
オリーブオイル……大さじ1
薄力粉……適量

作り方

① スキレットにオリーブオイルを熱し、ポロねぎ、舞茸、芽キャベツの順に入れて、軽く焼き目がつくまで焼き、塩を振って取り出す。
② カジキとカキに塩と白こしょうを振り、薄力粉を表面に薄くまぶす。
③ ①のスキレットに②を入れ、片面を焼き、焼き目がついたら裏返す。バターを加え、ポロねぎ、舞茸、芽キャベツを戻してなじませる。
④ 白ワインとカキの汁、ケーパーを加えてひと煮立ちさせ、生クリーム、プチヴェールを加える。煮汁をカジキとカキにまわしかけながら沸騰させ、全体に火を通す。味をみて、足りなければ塩、白こしょうでととのえる。

ゴズィラーナのスパイスフライ

豪快でワイルドなピリ辛チップス

「ゴズィラーナ」と聞いて、どんな野菜なのか、すぐに思い浮かべられる人は、そう多くないのではないだろうか。

ゴズィラーナはアブラナ科の野菜で、品種名は「カーボロリーフグリーン」。イタリアのトスカーナ地方が原産といわれ、現地で煮込み料理によく使われる「カーボロネロ」の仲間だ。丸く結球しないため、「葉キャベツ」とも呼ばれる。

ゴズィラーナはカーボロネロより葉が幅広で、表面に縮れた凸凹が広がり、手触りもごつい。しかし、えぐみなどのクセがなく、一度食べると、その力強い味に魅了されてしまう。

フランス料理では、縮れた凸凹の葉がゴズィラーナと似ているサボイキャベツをよく使う。渉さんもフレンチレストランで働いていた頃、サボイキャベツをくたくたになるまで煮込み、肉料理のつけ合わせにしていたという。

葉の裏側から切るとかたい葉脈も切りやすい

「でも、煮込みでは、料理の主役になりにくい。ゴズィラーナの迫力のある見た目を生かし、主役になれる料理はないかと考えたとき、思いついたのが油で揚げてチップスにすることでした」

パリパリの食感に仕上げるコツは、まず葉脈を取ること。葉脈が見えやすい葉の裏側から切るとよい。葉先は葉脈がやわらかいので、残しても大丈夫だ。油がはねやすいので、葉の表裏についた水分はしっかり取っておく。

揚げ油は米油だ。渉さんが使う油は、基本的にエクストラバージンオリーブオイルか米油。

「オリーブや米から作られた純正油なので、素材の一つとして考えられる。オリーブオイルは香りを楽しむ油ですし、米油なら、ほのかに残るぬかの香りが料理の風味づけにもなります。どちらを使うかは、料理の方向性と調味料によって変えています。洋に寄せるか、和に寄せるかで使い分けているんです」

「ゴズィラーナのスパイスフライ」は、ビールによく合う。久松さんもお気に入りの一品だ。この日も揚げたてのゴズィラーナを「うまいよなぁ」と、笑顔でほおばっていた

中火で低温から温度を上げながら揚げる

スパイスソルトは材料をすって作る

ゴズィラーナのスパイスフライ

材料（作りやすい分量）

ゴズィラーナ（プチヴェールやケールなどでもよい）……適量
揚げ油（米油）……適量

［スパイスソルト］
クミンシード（包丁の腹や鍋の底でつぶしてから刻む）……大さじ1
コリアンダーシード（包丁の腹や鍋の底でつぶしてから刻む）……小さじ1
パプリカパウダー……小さじ1
塩……小さじ1
黒こしょう……少々
カイエンヌパウダー……少々

作り方

① コズィラーナの葉脈の太い部分を裏側から切り取る。葉脈がやわらかい葉先はそのままでよい。葉を手のひらくらいの大きさに切る。
② 160℃に熱した油に①を入れて、徐々に180℃まで温度を上げる。水分が抜けて、カラッとするまで2分ほど揚げる。
③ スパイスソルトの材料をすり合わせ、②が熱いうちに振りかける。

※スパイスソルトはカレー粉と塩を3対1の割合で混ぜたカレーソルトに替えてもおいしい。

3

冬

Winter

十二月　食べる人が喜ぶものを求めて

寒風が引き出す野菜のうまみ

年越しも間近に迫った十二月二十六日、久松さんと渉さんは、まず、からし菜や水菜が並ぶ畑に向かった。上空に広がる青空は先月より高く、空気がピンと張り詰めている。

畑の様子で先月と違うのは、白い不織布がドーム状にからし菜の畝にかけられていることだ。からし菜のように表面積が大きく、薄い葉を持つ野菜は気温や風の影響を受けやすく、水分も蒸発しやすい。

そこで、不織布で畝全体をおおい、寒さを和らげ、凍結を防いでいる。不織布をかけると、外気と内部では最低気温が二度ほど違ってくる。

「寒くなるから葉がかたくなると思っている人もいるんだけど、気温より風の影響だと思う。畑にとって風はすごく大事なんですよ。風に当たることで葉や茎がしっかりしてくる。それは悪いことじゃなくて、水分が抜けることでうまみがのってくるっていうことなんです」と久松さんは言う。

デリケートな葉を持つからし菜は、それほど強い耐寒性は持っていない。

6月に収穫される予定のスナップえんどう

そのため、温度や水分を人為的に操作しやすいビニールハウスで栽培したほうが収穫は安定する。しかし、久松農園は露地栽培にこだわる。その理由の一つが、風が生み出すうまみだ。

からし菜と同じ不織布のドームに包まれ、畝いっぱいに葉を広げる赤サラダからし菜も、寒さに耐えながら風を受けることで、赤みが鮮やかになってくる。赤紫の小さな葉を陽にかざしてみると、茎から縁に向かって透けて広がる赤銅《しゃくどう》色が美しい。

久松さんたちは、野菜によっては不織布を途中ではがし、わざと風を当てることもある。がっちりとたくましく、うまみをしっかりと蓄えた野菜に育ってほしい。その思いが久松農園に吹く風にはのせられている。

「僕が野菜を作る理由に美しい、楽しい、興奮するから、っていうのがある。畑を見たときに『おお!』って驚きたいんです。寒さやストレスがかからないと、サラダからし菜の発色はよくならないし、うまみが増してこない。冬は、野菜が持つ色気をとくに感じるんですよね」

筑波山をのぞむ久松農園には、冬になると乾いた北西風の「筑波おろし」が吹く。いわゆる「空っ風」と呼ばれる日本海側から山脈を越えて関東平野に吹き下ろす風だ。

強い冬型の気圧配置に変わったこの日も、先月よりずっと強い風が吹いていた。

私のような都会暮らしに慣れきった人間は、「自然の恵み」の言葉を安易に使いがちだ。しかし、冬の畑に立つと、そんな甘ったれた使い方を風が叱ってくる。

体温を奪い、体の芯まで凍えさせる風が、野菜のおいしさをぐいぐいと引き出してくれる。本物の「自然の恵み」を得るには、厳しさに耐える強さが必要なことを叩き込まれるようだ。

風は、他にも植物の生育に大切な役目を果たす。

植物は光合成をすることで、生命を維持している。光合成は、ごく簡単に言えば、光のエネルギーを利用して水を分解し、酸素を作り、二酸化炭素を有機物に固定する反応のことだ。

もし、風がまったく吹かなかったらどうなるかといえば、葉のまわりに酸素が滞留してしまう。風のおかげで周囲の空気が入れ替わり、植物は二酸化炭素をたっぷりと利用できるようになるのだ。

受粉も植物によっては、風の力が必要になることもある。たとえば、とうもろこしの花粉は二〇〇～二五〇〇メートルも風にのって飛ぶ。無風のビニールハウスのなかで育てるときは、「ブロワ」と呼ばれる

からし菜などの畝には保温用の不織布がかけられていた。

風を送り出す機具などを使い、人工的に花粉を飛ばすこともある。
風は、野菜を病気から守る役目も担ってくれる。高温多湿の日本では、野菜にダメージを与えるカビ系の病気が少なくない。畑に湿気がこもらないように、風の通り道を確保することも大切なのだ。
久松農園のロゴマークは、「風」を表す漢字の古代文字がモチーフだ。久松さんは、「年の瀬、たくさんの種類の野菜が力強く育っている畑で、きりっと冷たい風に吹かれているとき、ああ、この仕事をやっていてよかった」と深い充実感を覚えるという。

畑で繰り広げられる攻守のせめぎ合い

守りと攻め。久松農園の畑を見ていると、そんな言葉が思い浮かぶ。そして、その攻守ぎりぎりの線を、久松さんたちは野菜ごと、年ごと、季節ごと、さらには日々、模索している。

冬ねぎにも、そのせめぎ合いを感じた。

ねぎは、ほぼ全身が葉だ。茎は根に近く、ごく短い。冬ねぎの青い部分は「葉身《ようしん》」と呼ばれ、「軟白部《なんぱくぶ》」と呼ばれる白い部分は、土に埋めることで作られる。

「田宮」の畑一面に並ぶ冬ねぎは、先月より葉身が大きくのび、軟白部を包む土の盛り上がりが高くなっていた。

冬ねぎは三月末に種を蒔く。五月末に畑に苗を植え、夏を経て十二月頃から採り始め、収穫が終わるのは翌年の三月。栽培から収穫まで時間がかかる野菜だ。その間には、除草や軟白部の生長に合わせて周囲の土を寄せていく管理作業がある。

「冬ねぎは雑草との闘い」と久松さんは言う。露地にさらした状態で育てるため、黒いポリフィルムで畝をおおい、雑草を防ぐ「マルチ」と呼ばれる方法が使えないからだ。

しかも、土寄せの作業は、軟白部が二〇～二五センチに育ち、収穫できるまで、およそ月一回の間隔で、追肥をしながら、五、六回行う。

「葉が上に向かって育つ品種の『味十八番』は機械で土寄せができますが、ポロねぎは葉がたれるので機械が使えません。全部、手で寄せていくんです」

ポロねぎは「味十八番」より栽培期間が長く、収穫が終わるまで十三カ月かかる。農園の経営から考えれば、種蒔きから収穫が終わるまでの期間が短く、管理作業も少ない野菜のほうが効率がいい。

しかし、時間も手間もかかるポロねぎを育てるのは、そのまろやかな香りや甘み、とろけるような食感を味わってもらいたい、というこだわりがあるからだ。

久松さんは二本の冬ねぎを渉さんに差し出した。葉身が厚めでしゃんとのび、軟白部が細いものが「味十八番」、葉身がやわらかく、軟白部が太めのものは「ちゃんこ葱」だ。

包丁で切った断面を見ると、「味十八番」のほうが葉が薄くしっかりと巻かれ、「ちゃんこ葱」は葉の一枚一枚が厚く、みずみずしい。「味十八番」は数ある冬ねぎの品種のなかで、寒さに強いとは言えない。だが、生では冬ねぎらしい辛みや香りが、加熱するとやわらかさと甘みが楽しめる。しかも、葉身もやわらかく、おいしいことから、久松農園では栽培品種として選んでいる。

「ちゃんこ葱」は、中・小ねぎ専用の品種だ。冬ねぎを細くしたような見た目だが、土寄せの必要がなく、薬味やサラダなどの生食にも向いている。

露地栽培では関東の場合、四〜七月、九〜十一月が最適とされ、「味十八番」よりも寒さに弱い。久松農園では、あえて土寄せをして、軟白部を太く長く生長させて出荷している。

「冬ねぎのおいしさの一つは、軟白部がとろっとして甘いこと。『ちゃんこ葱』は、それがすごくいい。お客さんに伝えるときは、『あまうま』って表現してるんですけど。土寄せをして、種苗会社の推奨時期より遅くまで作るのは、このとろりとしたおいしさを楽しんでもらいたいからなんですよね」

「ちゃんこ葱」を久松農園の方法で作ると、出荷にも手間がかかる。土寄せをする冬ねぎは出荷作業の際、外側の葉をむき、土を落としてから袋に入れる。土寄せをせずに収穫できる「ちゃんこ葱」は、そのまま袋に入れ

左が「味十八番」、右が「ちゃんこ葱」

「11 月と 12 月では 1 本の重さが違う。それだけ水分が抜けていく」と久松さん

られるのが利点の一つだ。しかし、久松農園では土寄せするため、「ちゃんこ葱」も外側の葉をむいてから袋に入れている。

「僕らは種苗会社が売りにしている品種の強みをぜんぜん生かしてないよね」と久松さんは笑った。

料理と農業の理想と原点

大柄な渉さんの上半身を隠してしまいそうなほど大きいサボイキャベツを収穫し、この日の最後にめぐったのは、事務所に近い場所にあるビニールハウスの畑だ。冷えきった体でハウスに入ると、明るい日差しが降り注ぐ暖かさにほっとする。

ハウスのなかではビーツの葉やわさび菜、かつお菜がのびのびと濃淡の違う緑色の葉を広げていた。久松農園にビニールハウスができたのは、四年ほど前。契約先が増え、冬にも葉茎菜類の出荷が必要になり、作られた。

ここで久松さんは農園の仕事のため、畑めぐりを終了。勝手知ったる渉さんは、ハウスのなかでさっそく今日の料理に使う葉茎菜類の品定めを始めた。どんなところを見極めて、収穫しているのだろう。

「サラダに使う葉物を探しています。生に近い感覚で食べるサラダなので、小さめで葉が縮れ、やわらかいけれど、葉がのびきっていないものが欲しいんです」

充分に生長したものはごわごわとして生では食べにくい。かといって、若過ぎるのもやわらかいだけで、

かつお菜やわさび菜などが育つハウス

味がのっていない。ちょうどよい食感と味の濃さを持つ葉を探しているという。

確かにビーツの葉が育っている畝を見ると、右側の葉は大きく広がり、左側のほうはその半分ほどの大きさの葉が縮れている。渉さんは左側のビーツの畝から一株、採った。

「女性が洋服を買うときに、一目で『あ、コレ』ってピンとくることがありますよね。僕が野菜を探すときも、それと同じ感覚なんだと思います」

久松農園にとって、畑で育つ野菜たちは大切な商品だ。畑に自由に入り、「好きに収穫していい」と許されている渉さんの姿を見ていると、久松さんにどれほど信頼されているのかが分かる。

「久松さんは物のとらえ方や考え方、許容範囲が広い。決して相手を否定しないんです。いろんな人がいて当たり前という考え方。そこが自分と似ているのかなと思うし、共感できる部分でもあるんですよね」

渉さんはアメリカから帰国したとき、情報が洪水のようにあふれ、次々と流行が変わる日本の姿にめまいを感じた。あれほどもてはやされたものが、数週間後には流行遅れとして扱われ、また新たなものが人気を集める。その回転の速さにまったく魅力を感じることができなかった。

そんな時期に久松さんと出会った。

当時の渉さんは日本でどう活動したらいいのか、道を探しあぐねていた。

収穫できなかった小松菜を畑に放置すると、また根がのびて生きようとする

左が正常に育ったほうれん草。出荷しやすいが、味は右のほうが甘い

というのも、帰国の三日後に東日本大震災が発生。絵美奈さんと共に「ＣＯＮＶＥＹ」としてケータリングの仕事をする予定がまっさらの状態に。震災の混乱と自粛ムードの影響でケータリングを必要とするイベントが激減したからだ。

将来に不安を抱えながらも、渉さんはじっとしていられず、宮城県石巻市などの在宅被災者支援をしていた一般社団法人「チーム王冠」の炊き出しボランティアに参加した。

忘れられないのは、震災から一カ月ほど経ったときのことだ。給食の体制が整わず、パンと牛乳を配ることしかできなかった学校のために、渉さんたちは家庭科室で温かいスープとポテトサラダを作った。

「食べ終わったあと、先生と子どもたちが家庭科室に来て、『温かいものを食べたのは震災以来、初めて』とお礼を言ってくれたんです。先生の目には涙が浮かんでいました。食事には癒やしや喜びがあり、勇気を与えることもできる。分かっているつもりでしたが、あらためて食べることのありがたみに気づいたんです」

渉さんのシェフとしての原点は、家庭料理にある。高校時代、渉さんは周囲が当たり前のように大学へ進むことに疑問を感じていた。そして、考えた末に調理師専門学校への進学を決めた。一生の仕事として料理人を選んだのは、祖母の影響だった。

両親が共働きだったこともあり、渉さんは子どもの頃、学校から帰ると隣に住んでいた料理上手な祖母と過ごすことが多かった。一緒に食事やおやつを作るのも楽しかったが、それ以上に祖母が振る舞う料理を、家族や親戚が笑顔で食べる姿が深く心に残っていたのだ。

「渡米前に日本で働いていたときは、プロとして恥ずかしくない料理を出さなければ、という調理の技術面に対する意識のほうが強かったかもしれません。それがアメリカで働いたり、ボランティアの経験を経

て、原点に戻った。今は、祖母に教えられたように、食べる人が喜んでくれるから作るというシンプルな気持ちで料理に向かっています」

震災のボランティア活動が落ち着いた頃、渉さんは農家と食べる人を結ぶコンセプトのレストランで働かないかと誘われた。久松さんと初めて会ったのは、そのレストランのイベントだった。初対面の印象はどうだったのだろう。

「怖そうな人っていうくらい？　正直、ほとんど覚えていません」と笑う。

渉さんの心を久松農園が初めて揺さぶったのは、シェフとして働き始めた厨房に野菜が届いたときだ。季節は冬。手にした「三浦大根」には土臭さがあった。アメリカのオーガニックファームで感じた畑の香りに似ている。みずみずしく甘いだけでなく、滋味深さがあった。

渉さんは農園の畑に通うようになり、次第に久松さんと親しくなっていった。

久松さんはビジネスセンスを持つ農業人として、講演の依頼や取材を受けることが多い。日本の農業が抱える問題に鋭い視点で切り込んだ自著『キレイゴトぬきの農業論』（新潮新書）はベストセラーにもなった。

そんな久松さんを渉さんは「お金の匂いがしない」と話す。

「久松さんは儲かる方法が分かっていながら、逆行するような、自分が理想とする野菜を作りたいという情熱のほうが勝っている。矛盾を抱えながらビジネスを成長させようとするのは、茨の道です。久松さんを見ていると、迷いを口にすることもあるし、わざと難しい選択をしているのかと思うときも。でも、どんなに困難な道でも、自分が思い描く理想の農業に向かって突き進む。その信念の強さが、久松さんの魅力だと思うんです」

十二月の料理

- 根つき冬ねぎのグリル ポーチドエッグを添えて
- 冬野菜と丸鶏のヴァプール
- 冬の葉野菜のウォームマッシュサラダ

根つき冬ねぎのグリル　ポーチドエッグを添えて

葉から根まで丸ごと香ばしく味わう

渉さんは冬ねぎの泥を丁寧に落とし、葉身も根も残したまま半分に切り、オリーブオイルと塩を振ったあと、グリルパンで焼き始めた。

「久松農園の冬ねぎは葉身もやわらかく、根には生長を支えてきたうまみが凝縮されています。料理に生かさないのは、もったいない。葉身と軟白部、根には、それぞれ違う食感とおいしさがあるんです」

冬ねぎがじんわり焼けていく様子を眺めていると、つややかに輝いていた軟白部が、次第に曇りガラスのようなマットな状態に変わってきた。グリルパンからはみ出していた根も水分が抜けて縮み、白さが増してきている。

焼き上がる頃には、葉身にも軟白部にもしっかりと筋状の焼き目がつき、根はチリチリに揚がっている。このままかじりつきた

グリルパンの対角サイズになるくらい冬ねぎを大胆に使う

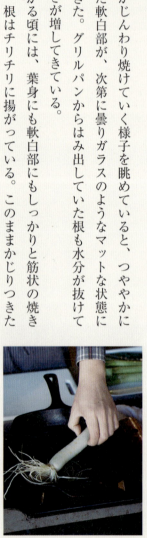

くなる見た目と香りだ。

「日本には焼き鳥のねぎまがあり、スペインのカタルーニャ地方には、ねぎの外側を真っ黒になるまで焼く『カルソッツ』という郷土料理があります。フレンチでも玉ねぎを焦がし、コンソメの色や香りづけに使う。それくらい焼きねぎは魅力的な料理なんです」

渉さんは焼けた冬ねぎにポーチドエッグをそっとのせ、アンチョビと炒めたクルトンを散らした。

「クルトンとポーチドエッグを好きなようにからめて食べてみてください。からめ方で味が変わるので、その違いも楽しいですよ」

香ばしく焼けた冬ねぎは、軟白部はやわらかい歯ごたえのなかにとろっとした甘みがあり、葉身はふにゃっとした食感に滋味がある。そして驚くのは根だ。パリパリとチップスを食べるような軽やかな香ばしさが口いっぱいに広がる。

クルトンと合わせてみると、カリカリの食感が増し、アンチョビのうまみと塩けが冬ねぎの甘みを引き立てる。ポーチドエッグをからめれば、冬ねぎの香りが濃厚な卵の甘みととろみを複雑にしてくれる。クルトンと卵を一緒に食べると、それらがいっぺんに楽しめるのだ。

ポーチドエッグは半熟状にする

じっくり焼くと水分が抜けていく様子がよく分かる

根つき冬ねぎのグリル　ポーチドエッグを添えて

材料 (2人分)

冬ねぎ (根つき) ……3本
卵……3個
バゲット (さいの目切り) ……1/4本
アンチョビ (フィレ) ……6切れ
塩……少々
オリーブオイル……大さじ4

アーモンド (から炒りし、包丁の腹などで砕く) ……10個
仕上げ用オリーブオイル……適量

作り方

① ねぎは根についた泥をよく落とし、半分の長さに切る。オリーブオイル大さじ2、塩をかける。
② グリルパンに①を入れ、中火で中心がとろっとやわらかくなり、焼き目がつくまで焼いて取り出す。
③ フライパンにオリーブオイル大さじ2を熱し、バゲットを中火でこんがりと色よく炒め、取り出す。同じフライパンにアンチョビを入れ、オイルになじませるように、よくほぐす。バゲットを戻し、アンチョビオイルをからませる。
④ 静かに沸いた湯に割り卵をそっと入れ、1分加熱する。半熟状にかたまったら、キッチンペーパーを敷いたバットにスプーンなどで取り出す。
⑤ 皿に②を盛り、④、③、アーモンドの順に盛り、仕上げにオリーブオイルをまわしかける。

冬野菜と丸鶏のヴァプール

冬野菜と鶏肉が醸し出すハーモニー

「Then and There」の当日は、クリスマスを過ぎていたが、渉さんは十二月にぴったりの料理を作ってくれた。ダッチオーブンに丸鶏一羽を入れて、炭火で蒸す「ヴァプール」だ。「ヴァプール」とはフランス語で蒸気で加熱する調理法のことを指す。

じつは本書で渉さんが調理場に使ったのは、休憩所の隣にある出荷場の一角。休憩所内のキッチンでは撮影が難しかったため、久松さんにお願いして使わせてもらった。

出荷場は正面が屋外に面している。そこで、渉さんはキャンプなどのアウトドアでも楽しめるメニューを組み入れてくれたのだ。

この料理をジューシーに仕上げるにはコツがいる。丸鶏を半日前から塩と砂糖を水に溶かした「ブラインドリキッド」に浸

蒸し焼きにすることで、野菜のうまみが丸鶏にも染み込む

けるのだ。

　ダッチオーブンに丸鶏を入れると、渉さんはまわりに赤じゃがいもや玉ねぎ、にんにく、冬ねぎ、キャベツ、かつお菜を詰めた。

「この時期の久松農園のじゃがいもは貯蔵されたものです。皮にシワが寄り、一見、元気がなさそうですが、このシワはうまみが熟成されている証拠。そのおかげで煮崩れせずに、しっとりと仕上がるんです。冬ねぎとかつお菜からも、いいだしが出ます」

　炭火がダッチオーブンの上下に置かれ、待つこと一時間。蓋を開けると、ふわっと上がった水蒸気の奥に、ほどよく火の通ったローストチキンが現れた。

　鶏肉を嚙みしめると、やさしく染み出してくる肉汁に野菜の滋味を感じ、冬ねぎやかつお菜、キャベツを食べると鶏肉から出たうまみを感じる。鶏肉と野菜の両方のおいしさは、やわらかく煮えたじゃがいもにもしっかりと包み込まれている。

　鶏肉も野菜も蒸し焼きされている間に、うまみを分け合い、混ざり合うことでお互いを高めているかのようだ。素材が醸し出す絶妙なハーモニーに拍手を送りたくなる。

丸鶏を包むように野菜をバランスよく並べる

下ごしらえが終われば火にかけるだけだ

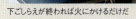

冬野菜と丸鶏のヴァプール

材料（4～5人分）

丸鶏……1羽（約1.2kg）

冬ねぎ（葉身も含めて長さ4cmの斜め切り）……1本

キャベツ（縦8つに切り、芯は取りのぞく）……1/2個

かつお菜（ざく切り）……5枚

赤じゃがいも（皮つきのまま縦半分に切る）……5個

玉ねぎ（小さめ・縦半分に切る）……3個

にんにく（縦半分に切る）……4片

白ワイン……150ml

塩……少々

黒こしょう……少々

オリーブオイル……大さじ1

［ブラインドリキッド］

水……900ml

砂糖……18g

塩……50g

作り方

① 大きいボウルにブラインドリキッドの材料を入れて混ぜる。丸鶏を浸け、ボウルにラップをかける。鶏肉がボウルから出てしまうときは、肉の表面をラップがぴったりとおおうようにする。冷蔵庫に入れて6時間以上、浸ける。

② ダッチオーブンにキャベツを並べ、その上に丸鶏を置く。ねぎ、かつお菜、赤じゃがいも、玉ねぎ、にんにくを丸鶏のまわりにバランスよく並べる。

③ ②に白ワイン、塩、黒こしょう、オリーブオイルをまわしかけ、蓋をする。ダッチオーブンの下と蓋の上に炭を置く（家庭用コンロの場合は中火）。

④ 沸騰したら、蓋の縁から少量の湯気が出る程度のごく弱火にして、1時間、蒸し焼きにする。途中、焦げている匂いがしたら、少量の水を加える。

冬の葉野菜のウォームマッシュサラダ

力強い葉野菜に恋するサラダ

からし菜や赤からし菜、サラダ菜、ルッコラなどの冬の葉野菜が皿にたっぷりと盛られている。

見た目は生野菜サラダのよう。しかし、食べると、歯ごたえがありながら、生野菜のように口のなかで暴れることがなく、しんなりとやわらかい。

噛みしめると、野菜によって歯や舌に当たる感覚が違うのも楽しい。彩りに使われている赤大根「紅くるり」も、やさしいシャキシャキ感だ。

野菜の隅々にまでバルサミコ酢の酸味が効いたドレッシングが行き渡り、しっかりとマリネされているのが分かる。生野菜にドレッシングをかけただけでは、絶対に味わえないサラダだ。

「秘密は温かいドレッシングです。露地栽培の冬の葉野菜には、力強い歯触りと深い味わいがあります。でも、風にさらされた

鮮やかな赤大根の「紅くるり」でピクルスを作る

分、少しごわごわして生では食べにくい。そこで、玉ねぎを色づくまで炒めてから、バルサミコ酢とディジョンマスタード、オリーブオイルを混ぜた熱々のドレッシングをかけているんです」

そして、ボウルのなかで野菜を両手で返しながら、全体がしんなりするまで軽くもむ。こうすると、ドレッシングの熱で葉がしんなりし、味もよくなじむのだ。

渉さんのおすすめは、違う種類の葉野菜を組み合わせること。シャキシャキしながら味はあっさりした水菜、ビーツの葉のような少しクセのあるもの、うまみの深いかつお菜などがミックスされていると、それぞれの野菜が持つ甘みや苦み、香り、食感といった味の濃淡が楽しめる。

即席で作るピクルスの「紅くるり」は、白大根やかぶに代えてもいい。

この温かいドレッシングのサラダを知ると、冬の葉野菜がもっとモリモリと食べたくなる。

温かいドレッシングを葉と葉の間にやさしくもみ、なじませる

熱々のドレッシングをかける

冬の葉野菜のウォームマッシュサラダ

材料（作りやすい量）

冬の葉野菜（からし菜、赤からし菜、緑・紫のサラダ水菜、ルッコラ、べか菜などをお好みで）……適量

［ホットドレッシング］
玉ねぎ（繊維に沿って薄切り）……1/2個
オリーブオイル……大さじ1
バルサミコ酢……150ml
ディジョンマスタード……大さじ1/2
オリーブオイル……200ml
黒こしょう……少々
塩……小さじ1

［ピクルス］
赤大根（紅くるり・2㎜厚さの輪切り。大きければ縦半分に切ってから薄切り）……1/4本
塩……小さじ1
白ワインビネガー……小さじ1

パルメザンチーズ（削る）……適量

作り方

① 葉野菜をたっぷりの水を張ったボウルに浸し、根の泥をよく落とす。充分に洗ったら、水けをしっかりきり、一口大に切る。
② ピクルスを作る。赤大根に塩を振り、しんなりしたら水けをきり、白ワインビネガーをかけてなじませる。
③ ドレッシングを作る。スキレットか小さいフライパンにオリーブオイル大さじ1を熱し、玉ねぎをしんなりするまで炒め、バルサミコ酢を加えて火を止める。ディジョンマスタード、オリーブオイル、黒こしょうを加えてよく混ぜ、塩で味をととのえる。
④ 大きめのボウルに①を入れ、③を熱いうちに加える。ドレッシングの熱で葉がやわらかくなるように両手で返すようにしながら、よくもむ。
⑤ 器に④を盛り、ピクルスを飾る。パルメザンチーズを振る。

一月　冬の野菜が教えるしみじみとしたおいしさ

厳冬の白菜を守る空気の層

寒い、寒い、寒い——。

最強の防寒をしてきたはずなのに、強い風と底冷えに「寒い」の言葉しか出てこない。関東の一月は、これほどの寒さを感じる時期だっただろうか。

二〇一八年最初の「Then and There」は、東京に四年ぶりの二〇センチを超す大雪が降った日の三日後。久松農園でも、一五センチほどの雪が降った。

この日の土浦の最低気温はマイナス五・一度。最高気温も四・四度と、まるで冷蔵庫のなかで過ごすような一日となった。

「今年は十二月からずっと寒いんだよね。とくに今週は異常と言ってもいいくらい気温が低い。こんなふうに雪が翌日になっても融けないのは、十年に一度あるかないか。でも、白菜はいい状態ですよ。今年は収穫の初めから、よくできてます」と久松さんは話す。

白菜の畑に入ると土がじっとりと湿って重く、踏みしめるたびに泥で靴が一まわりも二まわりも大きくなってくる。

寒さが厳しくても、露地栽培の野菜はたくましい。まだ一面にうっすらと雪が残る畑に、すっくと白菜たちが力強く並んでいる。

畝に裸の状態で置かれている白菜は、「冬月90」という品種だ。葉の上部には紐が巻かれ、外側の葉で内側の葉を冷気から守っている。

黒い不織布ですっぽりとカバーされているのは、「晩輝《ばんき》」。久松農園では、全部で五品種の白菜を育てている。

葉が重なり合い、丸くなる「結球野菜」は、初めは縦長の葉が横に広がって育つ。結球する頃になると直立し始め、一枚の葉の幅が広くなり、内側を包むように丸くなってくる。

その結球の仕方が冬はとくに重要だ。寒さが厳しくなる十二月に入ると、植物は生育が止まる。そのため、その前に収穫できる程度の大きさに育てておく必要がある。生育が遅れ、結球がゆるい場合は、外側の葉の上部を紐で縛ることもある。

かといって、葉がみっちりと育ち、結球がきつ過ぎるのも好ましくない。葉と葉の間にふんわりした空気の層がなくなると、冷気がなかまで入り込み、凍ったり溶けたりを繰り返すうちに傷んでしまう。

私たち人間も、冬は空気の層ができるように、毛織物と綿織物を組み合わせて重ね着したほうが温かく感じる。それと似た状態に育てることが、冬の結球野菜を守る力になる。栽培の妙を知ると、寒さに耐える目の前の白菜がよりいっそう愛おしく見えてくる。

寒さは野菜にはストレスだが、そのおかげで甘みが増すという、食べる人間にとっては恩恵にもなる。

植物は昼間、光合成によってエネルギー源となる有機物の炭水化物、つまり糖類を生産している。そし

キャベツの外葉が内側を寒さから守ってくれる

て、夜は光合成ができないため、蓄積した糖を消費して呼吸している。

このサイクルに何らかのストレスがかかると、糖類の消費が抑えられたり、蓄積され結果的に甘みが増す。ストレスになる要因には低温や凍結、塩分、水分不足などがある。

寒さの場合はこうだ。氷点下で凍結すると、植物の細胞は損傷する。そこで、損傷を防ぐため、植物は細胞内の糖類を増やし、氷点下でも凍結しないように適応していく。

久松農園の露地で育つ冬の野菜が甘いのも、この抗ストレス反応が起きているからだ。

「うちの畑のように露地で育てるには、まず寒さに耐えられる品種かどうかが選ぶ基準になります。ただし、寒さに強いだけだったら、他にも品種はあるんです。でも、さすがにおいしくないな、というものもあるので、寒さに強く、味もいい品種を選んでいるんです」

久松さんは、つねづね野菜のおいしさを決めるのは、「栽培時期」「品種」「鮮度」と口にしている。味がよい品種を選び、その野菜に適した時期に育て、収穫から最短で口にするのが、もっともおいしいという意味だ。

そして、久松さんが有機農業による野菜の栽培に取り組んでいる理由にも、この三つの要素が大きく関係している。

有機農業は健康な野菜を合理的に育てる手段

そもそも有機農業とは、どんな農業を指すのだろう。

「有機農業の推進に関する法律」第二条には、「『有機農業』とは、化学的に合成された肥料及び農薬を使用しないこと並びに遺伝子組換え技術を利用しないことを基本として、農業生産に由来する環境への負荷をできる限り低減した農業生産の方法を用いて行われる農業をいう」とある。

有機農業には、「安全」や「安心」の言葉がついてまわることが多い。法律を読んでも、化学合成された肥料や農薬、遺伝子組み換え技術を利用しないという部分から、なんとなく「安全そう」と「安心」したくなる。

しかし、現代の化学肥料や農薬を使った作物は、すぐさま人体に悪影響を及ぼすほど危険なものなのだろうか。

もちろん、私にもレイチェル・カーソンの『沈黙の春』や有吉佐和子の『複合汚染』などを通じて、農薬汚染の恐ろしさは刷り込まれている。だが、農薬汚染が社会問題化したのは、一九六〇年代から七〇年代だ。

一九七一年の農薬取締法の改正を機に、残留性が高く、毒性の強い農薬の販売は禁止・制限され、残留農薬の基準も厳しく決められている。近年は、生物由来の農薬の開発や普及も進んでいるという。

化学的に合成された肥料や農薬には、人体や環境への影響がまったくないとは言えないにしろ、医薬の進歩によって結核やがんで亡くなる人が減少したように、農作物の生産量が増えたり、農作業が効率化されるなど、恩恵の側面があることは無視できない。

また、有機農業に対する「安全」「安心」も、突きつめると、ぼんやりした言葉だ。「何に対して、どのように」という疑問が湧いてくる。

私が有機農業の言葉と存在を知ったのは一九九五年頃だが、以来、さまざまな農家が作る有機野菜を食べてみて、「おいしい」と感激したこともあれば、「採れたてなのに香りがしないし、味も薄くておいしくないな」と感じることがあったことも、有機農業の迷宮にはまり込む原因になった。「有機農業のほうがよさそう」と思いつつ、化学肥料や農薬を全否定もできず、普通の消費者の一人として、もやもやした気持ちを抱えていたときに出会ったのが、久松さんの自著『キレイゴトぬきの農業論』だった。

久松さんは、有機農業を「生き物の仕組みを生かす農業」と定義している。「健康で肥沃な土が健康な作物を育み、それが健康な動物を育み、その死骸や糞が微生物によってまた健康な土へと返っていく。この自然のサ

「芯まで凍ると、そこから腐りやすい」と渉さんに説明する久松さん

寒さから守るため、真冬の白菜にはおおいをかけることも

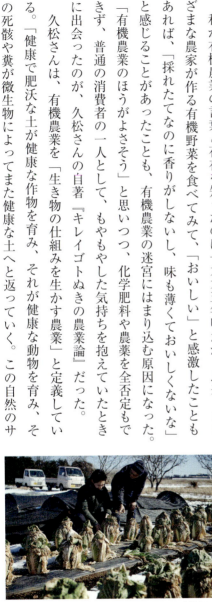

イクルに可能な限り沿う農業が有機農業」という。

健康に育った野菜はおいしく、栄養価も高い。なぜなら、「その個体が生まれ持っている能力を最も発揮できている野菜」だからだ。

そして、健康な野菜を育てるために、生産者にとって理にかなった「手段」の一つが有機農業であり、その栽培の前提には「栽培時期」「品種」「鮮度」がある。

有機農業の野菜がおいしいのは、栽培から消費者の元へ届くまで、生産者の手法がそれらの三要素を満たしている場合が、「結果的に」多いからなのだ、と久松さんは説く。

生物の営みと健康の視点から有機農業を解き明かしてくれる久松さんの論理は、ストンと腑に落ちるものがあった。人間の健康を「陰陽」や「気血水」「五臓」のバランスから考える東洋医学にも通じると感じたからだ。

東洋医学では心身を一つにとらえ、全身のバランスが取れている状態を健康と考える。「気血水」で言えば、心身のエネルギーである「気」、血液とその働きを司る「血」、リンパ液など体に必要な水分である「水」のどれかに過不足があったり、滞りがあると不調や病気を招いてしまう。

健康を保つには、食事や生活習慣による養生が必要になり、時には漢方薬の力を借りる。しかし、それらは恒常性を保ったり、取り戻すための手段であり、根底を支えるのは、体がもともと持っている生命力だ。

一方、西洋医学は不調や病気が現れたときに、その原因を問診や検査等で突き止め、手術や投薬という物理的、あるいは化学的な力で除去することで治癒を目指す。

東洋医学と西洋医学のどちらにもメリットとデメリットがあり、不調や病気によって、東洋医学が向いている場合もあれば、西洋医学を選択したほうがいい場合もある。

有機農業を東洋医学、化学肥料や農薬を使う慣行農業を西洋医学になぞらえば、どちらがいい悪いではなく、目的が何かによって選択が変わってくるという「手段」の違いでしかないことに気づく。

農家によっては作物の種類を絞り、化学肥料や農薬、ビニールハウスを使いながら、旬の時期を外して栽培することで収益を上げたいと考えることもあるだろう。それも一つの農業のあり方だ。

久松さんの場合は、野菜のおいしさの追求、人手の確保や農園経営とのバランス、自らの哲学を貫くために、有機農業を営むことになった、ということなのだろう。

と歯切れが悪くなるのは、久松さんが内に秘める有機農業への思いや考えを軽々しく語ることはできないからだ。

久松さんは自著のなかで、自らが営む有機農業を「心の中で大切に輝いているもので、誰の手にも触れてほしくありません。僕の大切な有機農業を、お前らの手垢にまみれたものと同列に語らないでくれ」と本音を書いている。

農園や農業の現状、将来について、根拠となるデータや数字を織り交ぜながら、よどみなく話す久松さんには、信念を貫くビジネスパーソンとしての印象が強い。

だが、畑を渉さんと一緒にめぐっているときの横顔には、野菜を深く愛する一人の農業人としての誠実さ、思慮深さ、繊細さが漂う。

土の香りと畑の風を感じながら、久松さんたちと同じ時間を過ごしていると、そう簡単に言葉として形作ることのできないものにこそ、人生を支える大切な思いが隠れているのだと静かに教えられる。

野菜のおいしさに欠かせない香りの力

「辛みがありますね。マスタードのような」

畑から収穫した「冬月90」の葉をかじりながら、渉さんが感想を口にした。久松さんは渉さんの言葉を受けて、こんな話を始めた。

白菜はアブラナ科アブラナ属の野菜。中国北東を原産とし、青梗菜《ちんげんさい》や小松菜などのタイサイ類とカブ類が自然交雑して生まれたという説が有力だ。

日本での栽培の歴史は、意外に浅い。今の白菜につながる山東型の種子が日本に導入されたのは、一八七五年（明治八年）のこと。

栽培が本格化したのは、日清・日露戦争以降だ。主に農村出身の兵士たちが現地で食し、野菜としての優秀さを認識したことから各地に広まった。

山東型の一つ、山東菜《さんとうさい》は結球がゆるく、葉は黄緑色を帯びている。水分が少なく日持ちするが、白菜より筋がかたい。

「同じアブラナ属の野菜で、イタリア原産のチーマ・ディ・ラーパも、ものすごく筋っぽくてかたい。だけど煮崩れるくらいまで煮込むと、味が深くて、しみじみおいしいんです。この『しみじみおいしい』感覚には、かなり香りが寄与していると思うんです」

私たちは香りを味として強くは意識していないが、辛みや酸味などに含まれる揮発性物質を、おいしさを構成する要素として口のなかでは感じている。

そう考えれば、アブラナ属の白菜も、「本来のおいしさには、辛みなどの香りの要素も欠かせない」と久松さんは言う。

今、日本の白菜は漬物加工用の消費が多いこともあり、水分が多い品種の栽培が多い。また、白菜だけでなく、全般的に葉茎菜類で好まれるのは、サラダに向く生で食べやすいタイプだ。消費者のニーズに合わせて、水分の多い品種栽培が主流になっている。

水分が多い葉茎菜類は味を淡泊に感じやすい。それは香りが薄いということも関係しているのだろう。

しかし、久松農園の野菜は、その逆を向いている。白菜も寒風に当たり、水分が抜けていくことで、これからは見栄えは下がるが、うまみが凝縮されていく。食感も、今どきの白菜のようにふわふわせず、「そういえば、昔の白菜はこれくらい力強さがあった」と感じるような歯ごたえだ。

「毎日、ちゃんとしたものが食べたいけれど、忙しくて料理する暇がないという人も、僕らの野菜があれば、簡単な調理でしみじみしたおいしさが得られると思うんです。たとえば、ケールを煮込んだり、カリフラワーを焼いてからスープにするだけで、満たされる一品になる。そんな料理を家で食べることができたら、ものすごく救われますよね。うちの野菜は、そういう人にこそ届いて欲しいんです」

確かに野菜にしっかりしたうまみや香りがあれば、シンプルな調理法で充分だ。

畑に残っていた春菊も1月の料理に使うことに

キャベツの残渣を片づけるためにトラクターで粉砕している

一月の畑には、寒いからこそ生まれる味わいがあった。そして、春の準備も始まっていた。

畑めぐりの最後に向かったのは、十一月には畝いっぱいに葉を広げていたカリフラワー畑だ。契約者向けの収穫が終わった圃場《ほじょう》に残る葉はくったりし、からし色の部分が目立つ。

渉さんが採り残されたカリフラワーを切り取ると、以前より表面が乾き、茶色い斑点が目立っている。教えてもらうまで知らなかった成熟したおいしさを持つカリフラワーの姿だ。

畑の端のほうでは、トラクターにのった栽培スタッフが外葉を片づけるための粉砕作業をしていた。葉が片づくと、畑は地力を取り戻すための「寒ざらし」の時期に入る。土を荒く掘って天地を返し、一カ月ほど冷気にさらしておく。すると、地表の寒さで野菜の生長に悪影響を与えるような虫や菌を減らすことができる。

事務所がある敷地に戻ると、隣の畑の一角で切り干し用に細かく切られた大根や紫大根、にんじんが天日干しされていた。水分が抜けた大根は象牙色が増し、紫大根やにんじんの色はいっそう鮮やかになっている。

渉さんが料理に使うという切り干し大根を少しもらい、食べてみた。ぎゅぎゅっと閉じ込められていた濃厚なうまみが口のなかで広がり、陽の光を感じる香ばしさがのどの奥に抜けていく。ほっと気持ちがほぐれるような、しみじみするおいしさだった。

畑の一角で天日干しされる切り干し大根やにんじん

一月の料理

- 白菜のすき焼き風
- 生白菜サーモンロール
- うまみ白菜のオーブンロースト　魚介と共に

白菜のすき焼き風

うまみを逃さず葉に閉じ込めて

白菜を噛むと、しっかりした歯ごたえの葉から、じわりとうまみが染み出してくる。牛肩ロース肉の焼けた香りや調味料の甘辛さが混じり、噛む場所で味が変わるのもいい。

渉さんは一月の料理に、白菜をメインにした三品を作ってくれた。

その一つ、「白菜のすき焼き風」は白菜を豪快に使った料理だ。幅六センチほどの輪切りにした白菜をどんとコンボクッカー（持ち手のついたダッチオーブン）に入れて、蒸し焼きにしている。「牛肉やしょうゆのどっしりした香りの上に、白菜のほのかな辛みや冬ねぎの甘みが重なり、春菊のさわやかな香りが全体を包んでいる」味をイメージしたという。

先に牛肩ロース肉の三分の一量を牛脂で焼くのは、牛肉と牛脂をだしを生み出すスターターとして使うためだ。そのコンボ

白菜の太い部分をたこ糸で縛ってから輪切りにする

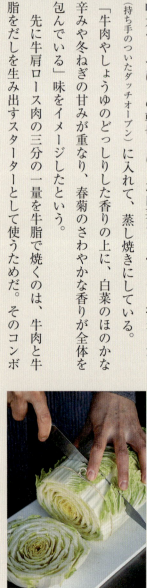

クッカーで白菜と冬ねぎを蒸しているので、牛肉のうまみが野菜にも染み込んでいく。

「牛肉を色づくまで焼くことと、熱いコンボクッカーに砂糖としょうゆを加えるのがコツです。牛肉、しょうゆと、違う食材の香りを重ねることで、味が複雑になります」

この料理に使った春菊は、なごりのもの。収穫が終わったあとの畑に残っていた春菊を渉さんは愛おしそうに収穫していた。香りは盛りより落ちるが、うまみは濃い。

「久松農園の野菜は、圧倒的に香りが違う。そのワイルドな力強さは、肉や魚のうまみにも負けることがない。だからこそ、焼くと味に深みが生まれ、食材を組み合わせたことによる、複雑で凝縮された味を生むことができるんです」

味覚の九五パーセントは嗅覚が感じ、舌で感じるのは五パーセントという神経生理学者もいる。その意味がよく分かる一品だ。

牛肉の2/3量は蒸した白菜にかぶせる

牛肉の1/3量を焼いてから白菜などを蒸す

白菜のすき焼き風

材料（4人分）

牛肩ロース肉（すき焼き用）……200g
牛脂……適量
白菜……1株
冬ねぎ（葉身も含めて3cm長さの斜め切り）……1本
大黒本しめじ（普通のしめじや好みのきのこでもよい・縦半分に切る）……2個
春菊……1/2束
砂糖……大さじ2
しょうゆ……50ml
酒……35ml

作り方

① 白菜は太い部分をたこ糸で縛り、糸を中央にして6cm幅に切る。
② 厚手で深さのあるダッチオーブンかフライパンを熱して牛脂を溶かし、牛肉の1/3量を中火で色づくまで焼く。砂糖、しょうゆを加えて軽く混ぜる。
③ 白菜の断面を上にして中央に置き、周囲にねぎを並べる。酒を加え、蓋をして、約5分蒸す。
④ しめじを加えて煮汁をまわしかけ、蓋をし、さらに約5分蒸す。煮汁の味をみて、濃いようなら水を加えて調整する。
⑤ 残りの牛肉を白菜にかぶせ、春菊をのせる。蓋をして約1分、弱火で蒸す。
⑥ 白菜を器に盛り、糸を切る。牛肉、ねぎ、しめじ、春菊を盛りつけ、煮汁をかける。

生白菜サーモンロール

ほっとする白菜のやわらかな味わい

二品目は、白菜ならではのシャクッとした食感とあっさりさが素直に味わえる「生白菜サーモンロール」だ。

ユニークなのは、巻き寿司のように作ること。軽く塩を振ってしんなりさせた白菜にわさび菜をのせ、赤大根とにんじんの切り干し野菜を散らす。塩麹を塗り、棒状に切ったサーモンをのせて巻き簾《す》で巻いている。

「ヒントになったのは、新潟県の村上市で食べた飯寿司《いずし》です。サケの身を大根やにんじんなどと一緒に麹に漬け込み、発酵させて作る郷土料理で、とても味わい深かったんです。今日は塩けとうまみの両方が欲しかったので塩麹を使いました」

干し野菜を乾燥のまま使うのは、白菜やサーモンから出てくる水分で戻すことができるからだ。干し野菜のうまみを白菜が吸ってくれるので、逃さずに料理に生かせる。

わさび菜に塩麹を塗り、干し野菜をのせる

この日は赤大根とにんじんの干し野菜を使ったが、白大根を干したものでもおいしい。にんじんを細く切って天日干ししてみると、甘みとうまみが凝縮された味が楽しめるので、冬の天気のいい日にはぜひ干し野菜に挑戦してみてほしい。

ガラスの器に盛られた塩麹巻きは、紅色のサーモンを濃い緑のわさび菜、半透明の白菜が包み込み、色のコントラストが美しい。ふだんの食卓だけでなく、正月料理やホームパーティなど、華やかな席にも向きそうだ。

仕上げに散らされた黄ゆずのさわやかな香りに食欲を刺激されながら食べてみると、白菜のしんなり感とサーモンのやわらかさがほどよくマッチしている。それでいて、フレッシュな歯ごたえもある。

塩麹と干し野菜のおかげで、食材の持ち味が一つにまとまり、引き締められ、飽きのこない味に仕上げられている。

「白菜とわさび菜を生で使うことでサーモンとの食感のコントラストがより強調され、噛む楽しさが広がります。一つの料理のなかで噛み方が複雑になるように、食材の組み合わせや調理に変化をつけるのも、おいしさの大切な要素なんです」

巻き簀の上部に紐を結び、端をジグザグに巻きつけて下部で結び留める

巻き寿司の要領で、白菜などを巻いていく

生白菜サーモンロール

材料（2本分）

サーモン（生食用）……200g

白菜……4枚

わさび菜……6枚

切り干し赤大根（普通の切り干し大根でもよい）……適量

切り干しにんじん……適量

塩麹……大さじ2

塩……小さじ2

黄ゆずの皮（すりおろす）……適量

作り方

① サーモンは2本の棒状に切る。白菜、わさび菜は、それぞれ塩小さじ1を振り、しんなりしたら、水けを軽く絞る。

② ラップを敷いた巻き簾に白菜2枚を重ねながら全体に広げ、わさび菜3枚を手前に置き、塩麹大さじ1を塗る。

③ 切り干し赤大根、切り干しにんじんをのせ、サーモンを中央に置く。切り干し赤大根、切り干しにんじんを重ねる。

④ 巻き寿司の要領で巻き簾をきつめに巻いていく。途中で白菜の両端を内側に折りたたみ、ゆるみが出ないようにしっかり巻く。巻き終わったら、巻き簾に糸をジグザグにかけて結ぶ。②からの手順でもう1本を同様に作る。

⑤ 3時間から半日ほど、冷蔵庫で寝かせる。

⑥ 糸と巻き簾、ラップを外し、輪切りにし、皿に盛る。黄ゆずの皮を散らす。

うまみ白菜のオーブンロースト　魚介と共に――

白菜の多彩な食感を楽しむ一品

渉さんがオーブンから取り出した白菜は、茶色い焦げ目がつくほどチリチリに焼かれていた。つまみ食いしたくなるほどの香ばしさが漂ってくる。

「じっくり焼くと、野菜に含まれる糖がキャラメリゼされ、香ばしさの輪郭がはっきりしてくるんです」

ここまで焼きつけることができるのも、久松農園の白菜だからだ。水っぽく、うまみの少ない白菜では、焼いているうちに味がへたってしまう。

「以前、白菜の畑をめぐっていたとき、久松さんに枯れ色になった外葉を食べさせられたことがあるんです。フリーズドライされたような状態で、味が抜けて頼りないかと思ったら、甘みがあり、塩けも感じる濃厚さで驚きました。オーブンで焼いたのは、あのおいしさを再現したかったからなんです」

オーブンでしっかりと焼き色がつくまで焼く

フライパンで焼いている「あやめ雪かぶ」は、茎に近い部分は淡い紫色、下のほうは真っ白な果皮という、見た目も美しい小かぶの一つ。甘みがあり、肉質がきめ細かなので、サラダや酢漬けにもよく使われる。

しょうゆは福岡県糸島市の「ミツル醤油醸造元」のもの。全国でも珍しい自社でのしょうゆ仕込みを復活させ、麹造りにもこだわっている。

渉さんは糸島市の食を通しての地域おこしにも深く関わっている。

「ミツル醤油醸造元」とは、糸島市に何度も通い、地元の農家やさまざまな生産者と知り合うなかで出会った。以来、渉さんの料理には欠かせない調味料になっている。

盛りつけに使った皿は、渉さんの作品だ。鎌倉市極楽寺の陶芸家、豊田《とよだ》麗《れい》さんの工房で作ったものだ。

食べてみると、白菜の焦げたところにバターの甘みと塩け、しょうゆや魚介のうまみが染み込み、ジュワッとにじみ出てくる。汁けがかかっていない部分は、パリッとチップスのように崩れてくる。白菜の豊かな食感をたっぷりと味わえる一品だ。

しょうゆの焼けた香りも大切な味の一つになる

両面を焼いて取り出しておいた魚介を戻し、煮汁をからめる

うまみ白菜のオーブンロースト　魚介と共に

材料（2〜3人分）

白菜……1/4株
塩……少々
米油……小さじ1
ホタテ（殻つき）……6個
イカ……1/2杯
エビ（殻つき）……3尾
あやめ雪かぶ（葉つき）……3個
バター……20g
米油……大さじ1
塩……少々
黒こしょう……少々

［A］
酒……50ml
醤油……25ml
バター……20g

作り方

① ホタテは殻から外し、ヒモと貝柱に分け、ヒモはみじん切りにする。イカはわたを引き抜き、足を切り離し、胴を1cm幅に切る。エビは背わたを取る。あやめ雪かぶは葉つきのまま縦半分に切る。
② オーブンペーパーを敷いた天板に白菜をのせ、塩を振ってから米油小さじ1を全体に振る。200℃のオーブンで30分焼く。
③ フライパンに米油大さじ1を熱し、①のヒモ以外の魚介に塩を軽く振って加える。中火で魚介の両面を焼いて取り出す。あやめ雪かぶは切り口を下にして焼き、軽く焼き目がついたら裏返す。バターとヒモを加えて炒める。
④ ③にAを加えて煮汁となじませたら、魚介を戻して全体にからめる。
⑤ ②の白菜を皿に盛り、④をのせ、フライパンのソースをまわしかける。

二月　静かな畑に重なる冬のなごりと春の準備

畑の地力を取り戻す生物の営み

二月二十一日の畑は、先月と大きく様変わりしていた。野菜が育つ畝よりも、赤茶色の土が占める面積のほうが大きくなっている。

「茨城には『馬の二月、人の四月』という言葉があるんです」と、久松さんが教えてくれた。

一年のうちで、馬が食べる草もなくなるのが二月、人が食べる冬野菜と春野菜の端境期《はざかいき》に当たるのが四月なのだという。

確かに農園の周辺は雑草が減り、土が目立つ。畑のほうも目に入ってくるのは、不織布におおわれ、四月に収穫される予定のキャベツや、まもなく収穫が終わる白菜、ポロねぎなど。雪が残っていた先月のほうが、畑に緑があった。

これから収穫を迎える野菜に目を向けてみても、十二月から生長を追いかけているスナップえんどうが少しずつ葉を増やし、つるものびてはきているが、まだ一五センチほどの高さしかない。

「ないように見えて、一〇品目以上の野菜は出荷している」と久松さんは言うが、露地の畑が素人目には寂しい光景だけに、ハウスで育つフリルレタスのみずみずしい葉の緑がまぶしく見えてしまう。

しかし、見た目は静かでも、二月はとても大切な時期だった。これまで野菜を育ててくれた畑をいたわり、再び力を取り戻させる時期なのだ。

先月のカリフラワー畑では、収穫が終わった畝に残る外葉や茎などの残渣《ざんさ》が粉砕されていた。その後、ガチガチにかたまった土をクリで入れ替える天地返しが行われ、残渣も土のなかに返されていた。

土が目立つ今日の畑は、寒ざらしの真っ最中だった。この何も植えられていない状態を一カ月ほど保つのだ。

「寒ざらしは畑のリセットです。収穫が終わったあと、残渣を他に持ち出したり、燃やす手間をかけるよりは、土に返したほうがいい。土壌生物の餌になりますから。ですが、すぐに次の作物を植えると、残渣や土に残る虫や菌が悪さをする恐れもある。そこで、虫や菌が死滅するまで太陽と寒さにさらし、作物に影響が出るのを防ぐ。その間に残渣も分解されるので、畑に有機物を補うことになるんです」

そう聞くと、天地返しの跡が何本も筋状にのびている畑がほっと一息つき、のびのびと深呼吸しているようにも見えてくる。

久松農園では収穫が終わった段階で土壌分析を行い、その結果を考慮しながら、次に植える作物の栽培に合った土作りをしていく。

元肥に使うのは、牛糞に籾殻を混ぜたものや米ぬかを発酵させたものだ。必要に応じて堆肥の量を加減し、残渣や堆肥の有機物の分解が充分に進み、土の状態が安定したところで作物の種や苗を植えていく。

「作土という言葉があるように、畑は育てていくもの。作物を収穫するだ

葉をのばし始めたスナップえんどう。毎月、追うと生長のスピードがよく分かる

けでは、土はどんどん痩せてしまいます。でも、残渣や堆肥の有機物を加えると、ミミズなどの土壌動物や菌類などの土壌微生物が餌にし、分解してくれる。土をやわらかくしたり、通気性や水はけ、水もちをよくしたり、養分を無機化して根が吸収しやすい形にする働きも担ってくれます。そうやって適切に輪作を続けていくと、畑が熟成化し、安定してくる。一定量の腐植《ふしょく》物質が蓄積すると、貯金のような働きを果たし、畑が地力を持った状態になるんです」

　腐植とは、有機物が不完全に分解したものを指す。分解されにくい有機物が腐植物質として蓄積されていくと、土壌の養分補給の力が長期にわたって高まる。土壌動物や土壌微生物などの土壌生物の種類が多様化し、生息数も安定していく。

「一つかみの土に何千万もの数の土壌微生物がいると言われています。彼らは自分たちの住みやすい環境を作っているだけなんですけど、根にとっては水分や養分を吸いやすい土壌になる。一方で、根もエネルギー生成の過程で作られた有機酸や糖、ビタミンを放出したり、根毛や表皮を脱落させています。これらがまた土壌微生物の餌になり、増殖を促していく。別に美しい友情を結んでいるわけではなく、それぞれが生きるための営みを続けているだけなのに、結果的に共生の関係になっているんです」

　しかも、土壌微生物と根の共生は、植物にとって病気になりにくい環境

収穫の終わった白菜の畝で、乾燥が進んだ葉の味について語り合う２人

４月に収穫予定の春キャベツの畝。保湿用の不織布がかけられている

も作り上げる。根の影響を受ける部分は根圏《こんけん》と呼ばれ、その範囲は根の周囲わずか一〜二ミリしかない。しかし、根圏は非根圏に比べ、数十倍から百倍の土壌微生物を養うことができる。

そして、根圏は、根が分泌する有機酸によって酸性に傾いている。このpH環境により、根圏は植物に役立つ土壌微生物だけが密集することになり、有害微生物の攻撃から身を守ることができるのだ。

根と微生物の共生関係は、人間の腸内環境にも似ている。

「化学分析すると、根圏から非根圏に向かって、pHが酸性からアルカリ性へとグラデーションになっていることがよく分かります。根がただ養分を吸収している行為が、そのまま土壌動物や土壌微生物の環境を整えることになる。美しいと思いませんか?」

香りと甘さの間で揺れるにんじん

晩冬と早春が重なる二月は、なごりの冬野菜のおいしさも知ることになった。

白菜畑では、出荷が終わった畝に、収穫されなかった白菜がポッポッと残っていた。

その白菜の一つを久松さんは刈り取り、外葉をむいて、内側の葉を渡してくれた。食べてみると、くったりした食感だが、水気はあり、うまみもしっかりと残っている。先月、感じたような辛みは減り、まるで自然が作った漬物のようなやわらかな味わいだ。

この味になるのは、「葉と葉の間に空気の層がちゃんとできていたから」と久松さんは言う。寒さによる凍結を空気の層が防いだことで、傷むことなく、ほどよく水分が抜け、うまみが凝縮されたのだ。

さらに久松さんは、透けて見えるのではないかと思うほど葉が薄くなり、薄茶色になった外葉を渉さんに渡した。

「うまみが深い」と渉さんが驚いた。海苔のようなパリパリした食感のなかに、先に食べた内側の葉よりもっと濃いうまみが残っている。フリーズドライのような見た目からは想像もつかない味。このおいしさは、畑をめぐることで出会えた恩恵の一つだ。

次に向かったのは、にんじん畑。渉さんが二月の料理に、にんじんを使うことに決めていたからだ。

フリーズドライのように畑の風で乾燥した葉の味は、驚くほど濃い

多品目の野菜を手がける久松農園で、にんじんはほぼ一年中、作られている。春にんじんの畑では、黒いポリフィルムのシートが畝をおおい、そのシートに規則的に並ぶ丸く開けられた穴から、小さい芽が出てきている。

黒いシートは保温と雑草予防の役割を果たす。春にんじんの畝にかけられたシートは三月半ばにはがされ、早ければ四月には出荷が始まる。

もう一つのにんじん畑では、十二月から三月にかけて収穫されるものが栽培されていた。ここで作られたにんじんは、掘り返されたあと、大型冷蔵庫で貯蔵され、出荷を待つ。

「日本人は季節を四季として考えますけど、基本はアジアモンスーン地帯。野菜の栽培から見れば、雨期

掘り返される冬にんじん

「にんじんのうまさは料理人泣かせだよね」と話す久松さん

渉さんは水分が抜けてきているにんじんの味を確かめていた

と乾期の二つなんです。雨期と高温に向かう、これからの野菜はみずみずしさが増す。逆に乾期と低温に向かう秋冬は、水分が抜けることで、うまみが増していく。冬に育つにんじんと春先のにんじんは別物なんです」

そう言われれば、久松農園から届くにんじんは、春と冬では食感も香りも違う。春にんじんはジューシーで、生でかじりつきたくなる軽い歯触りだが、冬にんじんは歯ごたえがあり、加熱して食べると甘みが濃い。春はさっぱりとした香りが、冬にんじんでは春に比べると重く、濃厚に感じる。

久松さんが掘り返したにんじんを渉さんがかじった。

「歯切れがいいですね」と言うと、久松さんは「水分が抜けてきてるんだよね。十二月だったら、もっとみずみずしい」と答えた。

にんじんはセリ科の植物。本来は香りを味わう野菜だ。原産地は、アフガニスタン北部の山岳地帯。そこから中近東で交雑されながら品種を分化し、十二〜十三世紀にヨーロッパへ伝わった。

葉と根がかたく、苦みがあったことから、日常的に食べる野菜ではなく、薬や風味づけのハーブとして長く使われていた。

栽培の歴史で面白いのは、私たちが知っているオレンジ色のにんじんが、品種改良から生まれたことだ。野生のにんじんの主な色は紫だった。十六世紀、オランダの栽培者が北アフリカで突然変異した黄色いにんじんの種子を使い、苦みの少ないにんじんの品種開発に取り組んでいた。この黄色いにんじんが、当時、一般的だった紫や赤のにんじんとかけ合わされ、オレンジ色のにんじんが生まれたのだ。

久松さんと渉さんは野菜のルーツへの知識も深いだけに、にんじん談議になると香りの話が多くなる。

「日本のにんじんは甘いし、ジューシーなんですけど、カリフォルニアで味わったような、むせ返るような匂いがなくて香りが薄いですよね」と渉さんが話すと、久松さんも、「にんじん嫌いの子どもでも食べられるように、ということがあるんだろうね。野菜を生で食べることが増えてきた食生活の変化も影響しているだろうし。香味野菜としての魅力を持つにんじんを作ろうと思っても、消費者がそれを受け入れるか、というマーケットの問題がある」と返す。

また、日本は種苗会社に香りの強い品種の取り扱いが少ないこと、降雨量が多いため、どうしても野菜が蓄える水分量も多くなるという、地理的な違いも欧米との違いを生み出している。

二人が口を揃えるのは、日本で一般に出まわっている野菜は、にんじんを筆頭に、食べやすさを優先したことで個性がなくなっているのではないか、ということだ。久松さんの言葉で言えば、「無毒化に向かっているイメージ」があるという。

久松農園ではオレンジ色のにんじんだけでなく、紫や黄色の「カラフルにんじん」も栽培している。また、自社製ジュースの原料にもなる。経営面から見れば、収益の大切な柱だ。

そのため、久松さんには、自身が好む香りの強いにんじんに寄せるか、甘みのある食べやすいものに寄せるか、両方が得られる栽培はできないか、考え続ける課題の一つになっている。

「僕が栽培で大切にしているのは、作る喜びがあるかどうかと美しいかどうか。美しさにもいろいろあって、収穫した野菜の形が揃っている美もあれば、栽培中の畑が整然と見える美もある」

にんじんの場合は、経営者として収穫量を確保する必要性から、個性的にするより、多数に好まれるものを効率よく収穫するほうが勝っている。しかし、栽培の楽しみがなければ、農業に取り組む意味がない。

久松さんのこの年の課題は、形が揃ったにんじんを収穫できるかどうか。

「よくできたと思うんですが、イチローに例えれば、完璧に芯でとらえたスイングだったのに、凡打だったみたいな感じ。やっぱり、うーんと思う部分がある。野菜作りにはさまざまなゴールがあって、新しい課題が次々と出てくるんですよ」

温度管理の技術が味に関わる貯蔵野菜

渉さんと久松さんはさらに貯蔵用の大型ハウスに向かった。今月の料理に使う「三浦大根」が貯蔵されている場所だ。

露地の品目が減るこの時期は、貯蔵野菜が出荷を補ってくれる。貯蔵のメリットは、出荷期間に幅が出るだけではない。安定した温度で保存している間に水分が抜け、うまみが増す。

ハウスに入ってみると、ブルーシートがかけられたコンテナが二列に並んでいる。久松さんがシートをめくると、土が薄くまだらについた大根が並んでいた。十二月から一月にかけて収穫された大根だ。

貯蔵用ハウスには、さまざまな温度管理の技術が使われている。その一つは、ハウス全体を白いシートでおおっていることだ。遮光性があり、紫外線による劣化と温度の上昇を防いでいる。また、ハウスの床面積が軽トラックが出入りできるくらい広いことも、温度の安定に役立っている。

実際にどれくらいの温度変化が起きているかは、スマートフォンで遠隔操作できる計測器を各所に設置して調べている。温度と湿度、照度を細かく調べ、蓄積データを基に、どの資材をどうかけるか、シートをいつ外すかなど、

久松農園の味のこだわりが三浦大根の保存にも貫かれている

細かく確認する。

二つ目は、コンテナへのブルーシートのかけ方だ。かける枚数によって、コンテナ内の温度が変わってくる。気温が上がるこれからは、ブルーシートの一部をめくり、大根を外気に触れさせることで、急激な温度変化を防ぐという。

三つ目は、大根についている土だ。カビの誘因になるため、土を落とす洗浄は行わない。しかし、土のつき具合によっては傷みやすくなる。土をどれくらい大根に残しておくかは技術の見せどころだ。

ハウスの地面にも工夫があった。大根のコンテナより奥のほうは、大人の全身が隠れるくらいの深さに掘られていた。地面が深くなる分、奥は入り口付近より室温が低い。

貯蔵温度は野菜によって違う。室温の違う場所が複数あれば、置き場所を替えることで、野菜に最適な環境が得られやすくなる。

「温度変化が野菜に与える影響は微妙で、二度違うと保存状態が変わってきてしまう。この冬は寒さが厳しかったので、ハウスで貯蔵しても、なかまで凍ってしまった大根もありました。傷み具合や何日くらいなら凍っても大丈夫かなど、細かくデータを取ったので、来年はかなりいい状態で貯蔵できると思います」

最後にめぐったのは、じゃがいもの種いもがある事務所近くのハウスだ。「ブラックローズ」の畝の横に、種いもが入ったコンテナが並んでいた。

この種いもは、単に保管のために置かれているわけではない。植えつけの準備に欠かせない浴光催芽《よっこうさいが》が行われている。

ハウスのなかで浴光催芽されている種いものコンテナ

購入したばかりの種いもは休眠状態にあるため、すぐに植えつけると芽が出る時期が違ったり、芽の太さや長さにばらつきが出る。そこで、乾燥した場所で太陽光に当てる浴光催芽を二十〜三十日行う。それから植えつけると、地上から芽が出る日数が短くなり、出方も均一になる。

「浴光催芽をやるかやらないかで、芽の力強さがぜんぜん違います。浴光催芽の間に、病気を持っている種いもは傷んでくるので、植えつけ前に選別もできる。光がまんべんなく当たるように種いもの上下を入れ替えたり、傷みをチェックしたり、手間のかかる作業です。僕が一人で農園をやっていたときは、とてもできませんでした」

朝、久松農園に着いたときは、畑が静かな時期かと思ったが、めぐってみると、冬から春へ移行する忙しい時期だった。

来月はどんな畑になっているのだろう。その変化を見るのが待ち遠しくなった。

二月の料理

・彩り大根とブッラータ　わさび菜ジェノベーゼ
・大根サンドのフライ　タルタルソース
・カラフルにんじんのレモン蒸し焼き

彩り大根とブッラータ　わさび菜ジェノベーゼ

色鮮やかな大根をチーズのとろりと共に

私が久松農園の野菜を使った渉さんの料理を知るようになって、初めて見たのが赤大根や紫大根だ。「大根は白いもの」と思い込んでいた私には、赤大根や紫大根の断面の艶やかさは、ほれぼれする美しさだった。

渉さんは、そんな野菜が持つ自然の彩りを料理に心地よく生かしてくれる。この温かいサラダも大根が持つ色の豊かさをたっぷりと目で楽しめる。

塩ゆでしている黒いスキレットをのぞくと、薄く輪切りにした赤、紫、緑、白色の大根が放射状に広がり、まるで夜空に広がる花火のよう。緑色は「ビタミン大根」と呼ばれる丈の短い品種だ。

彩りよく器に並べられた大根を、まずはジェノベーゼのソースと食べてみた。ソースに使われたわさび菜のおかげで、ピリッ

2cm 幅に切った大根を少し歯ごたえが残る程度に

とした辛みがあり、歯ごたえが残る大根の甘みが引き立てられている。

中央にのった白い巾着状のものは、フレッシュチーズの一つ、「ブッラータチーズ」だ。チーズで作られた袋のなかにモッツァレラチーズと生クリームが包まれている。

袋にナイフを入れると、なかから白いチーズと生クリームがとろりと大根の上に流れ出した。

からめて食べると、ブッラータチーズの素直な濃厚さ、ほどよい塩けが大根にからむ。チーズのとろとろしたやわらかさと、大根のみずみずしく、シャクッとした食感の違いもうれしい。

さらにブッラータチーズとジェノベーゼを全部、合わせて食べてみた。大根のうまみにチーズの濃厚さが加わり、ジェノベーゼの辛みとカシューナッツの香ばしさがぐっと引き締めてくれる。

「大根はさっとゆでて。くたくたに煮ると、ブッラータチーズの味やとろみに大根が負けてしまいます。大根にからむチーズのとろとろ感やオリーブオイルの香りを楽しんでいただきたいので、温かいうちにどうぞ」

大根を彩りよく円形に皿に並べていく

ジェノベーゼの材料はフードプロセッサーでペースト状にする

彩り大根とブッラータ　わさび菜ジェノベーゼ

材料（4〜6人分）

大根（三浦大根、赤大根、ビタミン大根、紫大根・2㎜厚さの輪切り）……各5枚

［わさび菜のジェノベーゼ］
わさび菜（刻む）……100g
にんにく（刻む）……1/2片
カシューナッツ（刻む）……15g
パルメザンチーズ（すりおろす）……10g
塩……小さじ1/2
オリーブオイル……40ml

ブッラータチーズ……1個
塩……小さじ1/2
仕上げ用オリーブオイル……大さじ1

作り方

① ジェノベーゼの材料をフードプロセッサーにかけて、ペースト状にする。
② 大根は熱湯で少し歯ごたえが残る程度にゆでる。
③ 大根の水けをよくきって皿に並べ、塩小さじ1/2を振り、ジェノベーゼをところどころにのせて、仕上げ用オリーブオイルをまわしかける。
④ ブッラータチーズを中央にのせる。

大根サンドのフライ　タルタルソース

熱々の衣からじゅわっと染み出る二重のうまみ

大根をとんかつのように衣をつけて揚げると、どんな味になるのだろう。名前を聞いただけでは、できあがりがまったく想像できなかった。

まず渉さんは、厚めの輪切りにした大根をたっぷりの水でゆで始めた。パラッと加えたのは小さじ一杯の生米。一緒に煮ると、米に含まれるタンパク質が大根のえぐみを吸い取ってくれるのだという。

「和食の料理人が野菜の下ゆでに使う方法です。日本料理店では、米のとぎ汁を使うことが多いと思います。今日は米を炊かないので、生米で」

大根をゆでている間に、大根の間に挟むタネを作る。これはハンバーグと同じ要領。合いびき肉と玉ねぎをパン粉、牛乳などと合わせ、粘りが出るまでよく混ぜ合わせる。

タネと接する大根の面に薄力粉を振ると密着しやすくなる

ゆで上がった大根の水けをよくきったら、軽く塩を振って薄力粉をまぶし、タネを挟む。とんかつと同じように衣をつけ、一七〇度の油できつね色になるまで、じっくり揚げる。

「久松さんの大根にうまみがあるので、大根の味つけは、下ゆでのあとに塩を軽く振るだけです。タネを挟むときに薄力粉を軽くまぶすのは、密着性をよくするため。薄力粉がつなぎの役目を果たしてくれます」

タルタルソースには久松農園のたくあんを加えている。やさしい味の料理なので、酸味の強いピクルスより日本の漬物のほうが合うのだそうだ。

熱々に揚がったフライをさっそくがぶり。じゅわーっと大根のやわらかな甘みと肉汁が口のなかに広がる。衣のカリカリした食感も楽しい。

ボリュームのある揚げ物なのに、軽く感じ、胃にすんなりと収まる。

「このフライは、肉汁を大根が吸うことで、よりおいしさが増す料理です。できれば、『三浦大根』を使ってください。きめ細かく、みっちりしているので、ひき肉の食感とよく合います」

碎いた細かいパン粉を衣に使い、色よく揚げる

タネを挟んだら薄力粉、溶き卵、パン粉の順に衣をつける

大根サンドのフライ　タルタルソース

材料（3個分／6人分）

大根（三浦大根・1cm幅の輪切り）……6枚
生米……小さじ1
塩……少々

［タネ］
合いびき肉……200g
玉ねぎ（みじん切り）……1/2個
パン粉……10g
牛乳……30g
塩……3g
黒こしょう……少々
オリーブオイル……大さじ1/2

薄力粉、溶き卵、パン粉……各適量
揚げ油……適量

［タルタルソース］
自家製マヨネーズ（※）……80g
ゆで卵（卵黄は軽くつぶし、卵白はみじん切り）……2個
玉ねぎ（みじん切りにして塩少々でもみ、水けを絞る）……1/4個分
たくあん（みじん切り）……25g

赤フリルレタス……適宜

作り方

① 鍋にたっぷりの水、生米、大根を入れて中火にかけ、大根に串がすっと入るまで下ゆでし、水にさらす。包丁を皮に垂直に当てて左右に動かしながらこそげ落とす。
② タネの玉ねぎをオリーブオイルでしんなりするまで炒め、冷ます。
③ ボウルに牛乳を入れ、パン粉を加えて牛乳を含ませる。合いびき肉、②、塩、黒こしょうを加え、粘りが出るまで手でよく混ぜ合わせる。
④ 大根をキッチンペーパーで1枚ずつ挟んで水けを取り、塩を振る。タネと接する大根の面に薄力粉を薄くまぶす。
⑤ 1枚の大根にタネをのせて、軽く押さえて密着させる。もう1枚の大根をのせてタネを挟む。薄力粉、溶き卵、パン粉の順に衣をつける。
⑥ 170℃の油で衣がきつね色になるまで揚げる。
⑦ タルタルソースを作る。自家製マヨネーズ、ゆで卵、玉ねぎ、たくあんを混ぜる。
⑧ ⑥を半分に切り、赤フリルレタスをのせた皿に盛り、タルタルソースを添える。

※自家製マヨネーズ（作りやすい量）……卵黄1個分、ディジョンマスタード大さじ1/2、酢大さじ1と1/2、塩小さじ1/2、米油200mlをミキサーで攪拌（かくはん）する。

カラフルにんじんのレモン蒸し焼き

飴色の甘みをじっくり引き出す

オレンジ、黄色、紫の色鮮やかなにんじんをダッチオーブンに並べながら、渉さんが「にんじんを蒸し焼きにする人は初めて見た、と久松さんに言われたことがあるんですよね」と笑った。そう聞くと、確かににんじんの料理には煮たり焼いたりが多いかもしれない。

そんなにんじんを丸ごと使い、魅力を余すことなく生かしたのが、この料理だ。水分は一切、加えず、オリーブオイルと塩をかけただけで、ダッチオーブンでじっくりと蒸し焼きにする。すっと竹串が通るまで蒸し焼きにしたら、香りづけのレモンスライスをのせて、さらに五分ほど蒸す。

加熱調理は、なんとこれで終了。

「冬のにんじんはゆっくり加熱するだけで、充分においしい一品になります。蒸し焼きの間に、にじみ出てくる焼き汁もおい

色移りしやすい紫にんじんはアルミホイルにのせる

しさの秘密です。含まれる糖が加熱中にキャラメルのように焦げて、味と香りに深みを出してくれるんです」

確かにダッチオーブンから取り出されたにんじんには、飴色の焼き色がついている。漂ってくるのは、香ばしく焼けた甘い匂い。

渉さんは縦切りや輪切りにしたにんじんを規則的に皿に並べて、焼き汁を振りかけ、仕上げに塩、おろしたレモンの皮を散らした。抽象画にも見える盛りつけだ。

この美しさを崩すのがもったいないと思いつつも、食欲には勝てない。一口かじると、甘みだけでなく力強さも感じる。レモンの香りと酸味との調和もぴったりだ。赤にんじんや黄にんじん、紫にんじんと色が違うと、甘みの濃度や歯触りが少しずつ違うのもいい。

うまみの少ないにんじんであれば、蒸し焼きにするだけの、このシンプルな調理法に負けてしまうだろう。味の芯がしっかりとした久松農園のにんじんだからこそ、ここまでの力強さが残るのだ。

飴色になるまでキャラメリゼすると甘みと香りが深まる

レモンは香りづけなので、蒸し上がる5分ほど前に加える

カラフルにんじんのレモン蒸し焼き

材料（3〜4人分）

にんじん（赤にんじん、黄にんじん、紫にんじん）……各2〜3本
レモン（輪切り）……4〜5枚
オリーブオイル……大さじ2
塩……少々
レモンの皮（すりおろす）……少々

作り方

① 深めのダッチオーブンかフライパンに、にんじんを並べる。紫にんじんは他のにんじんに色移りしやすいので、アルミホイルにのせる。
② ①にオリーブオイル、塩を振り、蓋をする。竹串がすっと通るまで中火で蒸し焼きにする。
③ 火を止めて、レモンの薄切りをのせ、約5分蒸らす。
④ にんじんを縦半分、または輪切りにして皿に盛る。焼き汁をかけ、塩ひとつまみを振り、レモンの皮を散らす。

4

春

Spring

三月　菜の花からあふれ出る春のエネルギー

野菜愛に満ちた出荷作業

　畑を流れる風がすっかりやわらかくなり、野菜だけでなく、人も温かく包み込んでくれる。靴の裏から伝わってくる土のふかふかとした感触が心地いい。畑の空気を思い切り吸い込んでみた。先月まで畑によっては鼻を刺激していた堆肥の臭いは、もう感じない。

　菜の花畑では、黄緑から薄緑色、濃い緑と美しい緑のグラデーションが広がり、盛りを誇るように黄色の可憐な花びらがそこここから、私たちを誘ってくる。

　三月の久松農園は、春を待ちわびていた野菜たちの饗宴が始まっていた。

「春は狂気ですよ。木の芽時って、樹木や植物が一斉に芽吹くっていう意味もあるけど、人間がちょっとおかしくなっちゃうことを指すこともありますよね。畑に立つと、そのおかしくなるような感覚が体で分かります。植物からの気がすごい。僕はそれをビンビンに食らうので、体調が悪いときには、春の勢いに負けちゃうこともあるんです」

　先月、そう話していた久松さんの言葉を思い出す。まさにその通りだ。畑は一気に春の装いになり、そのにぎやかな空気に包まれていると、逆に冬の野菜たちがいかに無口にじっと耐えていたかが、鮮明に思い出された。

出荷場で行われている野菜の箱詰め作業も、外から入り込む日差しが明るくなり、気温が上がってきたことで、ほっとする雰囲気が漂っている。

出荷場があるのは、事務所が近い敷地内。毎月、一角を料理の撮影に使わせてもらっている場所だ。大木恭子さんたち出荷スタッフが葉玉ねぎの外葉を丁寧にむき、袋に入れたり、指示書を確認しながら、かき菜を計量して仕分けたり、手際よく作業をしている。

久松農園は、個人と飲食店の契約者に宅配便で送るのが、最大の販売ルートだ。

久松さんがつねづね口にする三つのキーワード、「栽培時期」「品種」「鮮度」のなかの「鮮度」を担うのが、この直送による販売方式。収穫したての野菜が翌日には家庭や飲食店に届くことが、おいしさの重要な一因となっている。

久松さんたちの「おいしい野菜を最短で届けたい」という思いの強さは、箱詰めと配送に対する気づかいからも伝わってくる。

久松農園では栽培から収穫、出荷までのすべての作業が一目で分かるようにデータ化し、ＤｒｏｐＢｏｘやＧｏｏｇｌｅドライブのクラウドサービスを使って、全員で共有している。

契約者に送る野菜の品種や量はそれらのデータを基にあらかじめ決められているが、天候によっては収穫が計画とずれることもある。そこで、前日の作業終了後や朝の業務開始時のスタッフミーティングで細かく確認し、最適な出荷量に調整する。そして、出荷場で箱詰めされ、それぞれの契約

スナップえんどうも暖かくなってきた空気にほっとしたように葉をのばし始めた

先に発送されていく。

「うちの発送スタッフはすごいですよ。この仕事は、そう簡単にはできない」と久松さんは言う。多品目・多品種の野菜を覚える必要があること。形も長さも違う野菜を出荷できるように整え、箱詰めしなければならない作業の複雑さがあるという意味だ。

だが私は、それ以上に、箱詰め作業を見学しながら、「久松農園はやっぱりすごいな」と感じたことがある。大木さんたちの野菜に触れる手の動きがやさしいのだ。すべてが人の手で一つひとつ作業されているというだけでなく、自分たちの野菜に誇りを持ち、指先まで神経を行き渡らせ、愛情を込めて作業しているのが伝わってくる。

そして、箱を閉じる直前には、野菜の特徴やお勧めの食べ方、レシピなどが書かれた『畑からの風だより』も必ず入れられる。

『畑からの風だより』を担当しているのは、販売部門の松永ゆかりさんだ。文章を読むと、「この野菜のおいしさをどう書いたら伝わるか。おいしく食べてもらえるか」と工夫していることが分かる。

たとえば、冬のキャベツは「しっかりうま味を蓄えたキャベツ。加熱するのがおすすめです」と紹介されている。これが春キャベツになると、「やわらかく瑞々しい春のキャベツです！　是非、ザクッとちぎって生で召し上がってください。お味噌をつけると美味です」と変わる。どの説明にも、文章の向こうに松永さんの笑顔が見えてくるような熱さがある。

さらに久松農園の鮮度へのこだわりは、契約者に届くまで続く。個人配送では三日前に、届けられる野菜の品目がほぼ分かるメールが送られてくる。前日には、宅配会社を経由しての発送通知メールも届く。

温度管理にも対策を立て、気温が高くなる五月半ばから九月末は、契約者が希望すれば、冷蔵代が送料に上乗せされるが、クール便で発送してもらうことも可能だ。

これらの発送サービスは、ネット通販が身近な昨今、当たり前のように思えるかもしれない。しかし、久松農園のスタッフ数と発送数から考えれば、いかに鮮度を保つかに労力をかけ、情報の伝達を重視しているかが分かってくる。

一方で宅配料金は、久松さんにとって頭の痛い問題でもある。

久松農園では、定期便の野菜代に送料がプラスされる。オンラインショップの受注画面に送料を別扱いで表示しているとはいえ、宅配代が値上げされた場合、実際に値上げに踏み切るかどうかは悩みどころだ。支払う側の負担感は契約数の増減にも関わってくる。

出荷作業をするスタッフ。指示書で確認しながら計量している

枯れた冬ねぎの葉をどこまでむいて出荷するかにも経験が必要に

出荷用の段ボールには久松農園の風のマークが印刷されている

実際、宅配便各社の値上げが続いた頃、私の元に久松農園から送料値上げの知らせが届いたときは、販売部門のチーフ、十川英和《そごうひでかず》さんのメッセージに苦渋の跡を感じた。

かといって、配送会社を替えるのも難しい。久松農園はヤマト運輸を利用している。他社に比べ、料金が高めでも使い続けるのは、鮮度を重視する久松農園にとって、時間通りに届くかどうかは重要だ。ヤマト運輸はその信頼性が高いのだ。

栽培の現場だけでなく、私たちの手に届くまでのプロセスを教えてもらうと、久松さんたちの心づかいと企業努力に頭が下がる。

だからこそ、届いた箱を開けたときに、あの温かな空気を感じるのだ。野菜が持つ香りや力強さだけでなく、たっぷりと込められていたのは、久松農園で働く人たちの「おいしい野菜を一刻も早く届けたい」という思いだった。

こぼれ種に学ぶ野生の味

三月の畑めぐりは、キャベツから始まった。

冬のキャベツと春のキャベツの畝が並んでいる。冬のキャベツは、不織布のトンネルが外され、そろそろ最後の収穫を迎えていた。春キャベ

車を止めて、久松さんはこぼれ種のからし菜に目を止めた

葉が増え始めたキャベツの畝。結球はこれからだ

ツは、地面をおおう黒いポリフィルムのシートの穴から、葉の枚数が増えてきているが、結球はこれからだ。

久松さんが春キャベツの葉を採り、渉さんに渡した。ザクッと半分に切った冬キャベツとの食べ比べだ。

「春キャベツの甘みは冬キャベツとちょっと違う。冬キャベツは育ってから寒さに当たってキュッと締まった甘みがある。春キャベツはもっと甘みがやわらかい。それでいて苦みもある。そこがいい」と久松さんは言う。

冬キャベツの畝をよく見ると、小さい結球がある。これから収穫されるキャベツに比べ、黄緑色が目立ち、元気がない。水分不足から起こる生育不良だ。そんなキャベツも渉さんは口にし、味を確かめていた。

畑めぐりの間、思いがけず、久松さんと渉さんの話が盛り上がったのは、次の畑に向かう道中だった。久松さんが車を止め、道路脇に生えている草にかがみ込んだ。

「からし菜と白菜のこぼれ種だね」と久松さんが言う。こぼれ種とは、意図して栽培された野菜ではなく、種をつけた植物からこぼれ落ちて自然に育ったものだ。

からし菜は農園で収穫されるものより、葉がチリチリと縮んでいる。「辛いですね」と渉さんが言うのは、白菜のほうだ。

「こぼれ種、好きなんだよね。パンチがあって個性的だから。野生化した

渉さんは農園スタッフからの信頼も厚い。最近の畑の様子を聞いていた

シートの穴一つひとつに小さな赤からし菜の苗を植えていく

ことで、親の形質に戻ったんだろう」と久松さん。確かにこぼれ種の葉を食べてみると、普通に食べるものより味が強く、葉もかたい。だが、たくましい野性味には魅力がある。

「このこぼれ種には、アブラナ科がもともと持っている辛みをすごく感じる。胃にくるくらい」と久松さんが言うと、「料理で味の尖《とが》ったもの同士を組み合わせると、丸くなるんですよ」と渉さんが話し始めた。

たとえば、からし菜をさっとゆでただけでは、尖った強さが残り過ぎる。しかし、ぐずぐずになるまで煮込んだり、油層を持つバターと炒めたりすると、お互いの尖りが相殺され、味が丸くなるのだという。

アブラナ科の植物は本来、これほど辛いものなのか。口に残る辛さを感じながら、キャベツ畑で見た渉さんの姿を思い出した。育ち損ねた小さい結球の葉を渉さんが食べていたのも、時期や環境、育ち方で変わる味の違いを知るためだったのだろう。そうして久松さんと畑めぐりを続けるなかで、渉さんの料理の幅は広がっていったのだ。

「子どもの頃、周囲にある畑や田んぼをチラチラ見てはいましたけど、久松農園に通うまで栽培についてはまったくの素人。久松さんに教えられて驚いたことがたくさんあります。見るもの聞くもの、すべてが新鮮でした。一口ににんじんと言っても、さまざまな品種があり、育つ時期によって味の印象も食感も香りも違う。野菜の背景が違うのであれば、食材との組み合わせや火の通し方、味のつけ方など、料理のすべてが変わってきます」と、渉さんは久松農園に通い始めた頃のことを教えてくれた。

そして、「自分の料理に対する考えが浅はかだったことを思い知らされた」とも。

それまでの渉さんは、野菜をできあがりのイメージに合わせて調理していた。しかし、久松農園に通うようになり、生育に関する知識が増え、土づくりや農機具の使い方も学ぶことで、野菜を見る目が変わっていった。

「僕が学んだ頃の調理師学校では、食材がどう作られてきたかの観点から教わることがありませんでした。どのほうれん草に対しても、筋を取るように教育されたのは、フランスで流通しているものがかたいからです。でも、日本のほうれん草はやわらかい。生育環境も品種も違う日本のほうれん草に筋取りが本当に必要なのか、ということですよね。食材との出会いは一期一会。そのめぐり逢いを大切にしたい」

渉さんが畑から吸収しているものは、言葉より料理として表れる。なぜ渉さんの料理がシンプルでありながら、あれほど味わい深いのか。野菜を料理に生かす、という意味を考え直してみるきっかけをもらった気がした。

菜の花は茎を食べる野菜

葉玉ねぎと葉にんにくの畑をめぐり、菜の花畑に到着した。カーボロネロ、小松菜、かぶ、べか菜など、久松農園では、さまざまな野菜の菜の花が育っている。

「菜の花」と言えば、長さがぴったりと揃い、紙や透明フィルムに包まれている姿を思い浮かべる人も多いだろう。じつは「菜の花」という特定の植物はない。アブラナ科アブラナ属の花すべてが、菜の花だ。スーパーなどで見かける菜の花は、「ナバナ」という専用種だ。

私も初めて久松農園から届いたときは、「ナバナ」より茎が太くて長いため、細いブロッコリーなのだろうと勘違いした。

かぶの菜の花を抜いてみると、根元に小さなかぶが残っていた

しかし、その後、久松農園の菜の花こそが、本来の意味での菜の花なのだと知った。しかも、久松農園の菜の花は味が濃く、苦みも深いので、一度、食べるとクセになる。

「菜の花は茎を食べるもの」と久松さんは言いきる。そう、あの茎はシーズンが終わると、次の春が待ち遠しくなる味なのだ。

久松農園の菜の花には、楽しさがある。同じアブラナ科アブラナ属でも、小松菜やかぶなど、品目で味が違うからだ。渉さんがカメラマンのキッチンさんに、一本の茎を差し出した。一口かじったキッチンさんが「かぶだ！」と目を丸くしている。

「そう、かぶの味がするでしょ？　そっちの茎を下のほうから採ってみて」と渉さんは、他の畝の菜の花を勧めた。今度は小松菜の味がする。

「ゴズィラーナの菜の花は見た目はごついのに、味はやさしいのがまたいい」と久松さんは、さらに別の畝の菜の花を食べていた。

久松農園が、これほどたくさんの菜の花を育てているのは、「品目による味の違いと面白さを知ってもらいたい」ことが一つ。もう一つは、端境期の貴重な野菜ということがある。

「馬の二月、人の四月」と教えてもらったように、北関東の路地栽培では三月後半から四月上旬は冬の野菜が終盤になる一方で、春野菜にはまだ早く、品薄になる。その間、菜の花があれば出荷品目の種類を増やし、春の訪れも契約者に届けられる。

「菜の花の種蒔きは一、二回なので、収穫も一、二回。菜の花が終わる頃には、春キャベツやかぶなどの野菜が揃ってくる。『菜の花地獄』は本当に今だけです」と久松さんは笑った。

菜の花畑に座り込み、緑のグラデーションに囲まれ、味比べをしている久松さんと渉さん、キッチンさ

んも加わった男性三人は、少年たちが「野遊び」を楽しんでいるようにも見える。なんだかとても微笑ましい光景だ。

事務所がある敷地に戻ると、渉さんが料理の準備をする間、久松さんは「プラウ」を動かすところを見せてくれた。プラウは、寒ざらしが終わり、土を耕す「耕起《こうき》」で使われる農機具だ。

「地上から垂直三〇センチくらいの深さまで、鋤《すき》の役目をするプラウをガツッと入れて、トラクターで引っ張りながら、かたくなった土を物理的に崩していきます。なぜ、この作業が必要かといえば、作土層を広げるためです」

作土層とは、人が手を入れてやわらかくし、種を蒔いたり、野菜が根を張ったりしやすく改良された、田畑の表層部分のことを指す。

プラウを使って耕すと、畑は下層の土が表面に出る一方で、表面の土や草などが埋没していく。かたくなった土が砕かれ、混じり合っていくことで、根が生育しやすいやわらかさになり、作土層を深くすることができる。また、下層の土が適度な粗さになることで、空気を含みやすくなり、水はけもよくなる。

かつて久松さんは、日本で使われることが多い「ロータリー」だけで耕していた。ところが、ロータリーはプラウほど深く土に入らず、爪で叩くように耕してしまう。

その結果、「耕盤《こうばん》」ができることがある。耕盤とは機械の重みやロータリーの爪の圧力で作土の下にできるかたい層のことだ。耕盤があると水や空気が通りにくく、排水性も低下するため根の生長が悪くなる。

「作が悪くなってきたときに、アドバイスしてくれた人がいて、スコップで掘ってみたら、耕盤が畑全面にできていたんです。耕盤はもっと大きな機械を使っている農家にしか起こらないと思い込み、十年もロータリーを疑いなく使っていた。自分のような小さい規模の有機農家でも慣行農家と同じ問題を抱えていることに気づくきっかけになりました」

今、久松さんは栽培の現場をスタッフに任せる部分が多い。しかし、私たちに見せてくれたようにプラウの操作を体に叩き込むことも怠らない。作業の意味を理解しながら、体で覚えた操作も含め、スタッフにスムーズに仕事を渡していきたいという考えがあるからだ。

渉さんの料理撮影が終わった頃には、陽も暮れていた。今月も無事に終わったとほっとしながら帰途についたときだ。気持ちが軽く、前向きになっているのに気づいた。菜の花たちのあふれんばかりの「気」が、私の体にもエネルギーをたっぷりと与えてくれたらしい。

耕起に使われるプラウ。大きな刃が土を天地返しする

三月の料理

・菜の花と生ハムのブルスケッタ
・グリーンガーリックポタージュとマダイのポワレ
・かぶの菜の花オレキエッテ

菜の花と生ハムのブルスケッタ

カリカリ食感に菜の花のグリル三重奏

「この時期の野菜は、冬よりも食感がやわらかく、ほろ苦さや青臭さがあり、香りが豊か。寒い冬を乗り越え、『やっと春が来た』というはつらつとしたエネルギーを料理に生かしたいと思いました」

そんな三月の畑の主役、菜の花は、まずイタリア料理でおなじみの、しゃれたブルスケッタに変身した。

「ナバナ」は、おひたしでよく食べられるように繊細なほろ苦さが特徴だ。それも春の味覚だが、茎を味わう久松農園の菜の花なら、苦みやうまみを生かしたパンチのある料理も楽しめる。

渉さんは、久松農園の菜の花のよさは、シンプルに塩を振り、焼くだけでも充分においしいことと言う。

ブルスケッタのこんもりと盛られた具のてっぺんで、得意げに小さな葉をのばしているのは、グリルされたカーボロネロの

カーボロネロと葉玉ねぎも焼くことで香りが引き出される

菜の花。久松農園の菜の花のなかでも、やわらかさがありながら、しっかりしたうまみを持っている。

「カーボロネロの菜の花は成熟した葉ほどかたさがなく、ほどよい歯ごたえも味わえます」

ブルスケッタの土台を支えるのは、ライ麦粉と粗びきの小麦粉を使い、ザクザクとした食感が魅力のパン・ド・カンパーニュだ。その表面には、小松菜の菜の花、葉にんにくを使ったジェノベーゼが塗られている。

葉にんにくは香りが控えめなので、穏やかな小松菜の菜の花の味をしっかりと前に出してくれる。しかも、このジェノベーゼがパン・ド・カンパーニュのカリカリ感と、葉玉ねぎ、カーボロネロの菜の花の食感の間も取り持つ。味を深めているのは、生ハムとパルメザンチーズの塩けとうまみだ。

ジェノベーゼが余ったら、パスタや魚料理などに使うといい。バジルで作ることが多いジェノベーゼだが、香りのある旬の葉茎菜類はたくさんある。いろいろな野菜で作ってみると、おいしさの幅が広がり、料理がもっと楽しくなる。

ジェノベーゼはトーストにたっぷりと塗る

菜の花ジェノベーゼのパルメザンチーズはおろし金ですりおろす

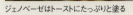

菜の花と生ハムのブルスケッタ

材料（2人分）

生ハム……２枚

カーボロネロの菜の花……4本

葉玉ねぎ（縦半分に切る）……２本

パン・ド・カンパーニュ（薄切り）……２枚

オリーブオイル……大さじ２

塩……少々

パルメザンチーズ（ピーラーで薄切り）……適量

仕上げ用オリーブオイル……適量

［菜の花ジェノベーゼ］（作りやすい量）

小松菜の菜の花（塩ゆでして水けを絞り、刻む）……100g

葉にんにく（小口切り）……3g

松の実（からいり）……20g

パルメザンチーズ（すりおろす）……10g

オリーブオイル……100ml

塩……大さじ1/2

作り方

① ジェノベーゼの材料をミキサーに入れ、なめらかになるまで攪拌する。

② パンの両面にオリーブオイルをハケで塗り、グリルパンかオーブントースターで両面に焼き目をつけ、取り出す。

③ カーボロネロの葉の花、葉玉ねぎにオリーブオイルを塗り、塩を振ってグリルパンで焼き目をつける。

④ パンを半分に切り、①を塗り、葉玉ねぎ、生ハム、パルメザンチーズ、カーボロネロの葉の花の順に盛りつけ、仕上げ用オリーブオイルをかける。

グリーンガーリックポタージュとマダイのポワレ

葉にんにくの香りがマダイをまったり包む

新緑のようなさわやかな色合いのソースに、まるでマダイがふんわりと浮かんでいるよう。カリッと焼けた皮から香ばしい香りが漂ってくる。

マダイの下には、オリーブオイルで焼きつけられた葉玉ねぎが隠れていた。

「葉にんにくと葉玉ねぎは香味野菜の鋭さを持ちながら、熟す前の青っぽく、さわやかな香りも持っています。それらを残しつつ、充分に炒めたときに醸し出される甘い香りも加えてマダイにぶつけてみました」

マダイと葉玉ねぎにソースをからめて食べてみる。マダイの身はしっとりとやわらかく、皮はカリカリと香ばしい。葉玉ねぎの甘みが、それらをやさしく、まったりと包んでくれる。

ソースのとろみに不思議な食感がある。濃厚でありながら、

葉にんにくをオリーブオイルでじっくり炒め、うまみを引き出す

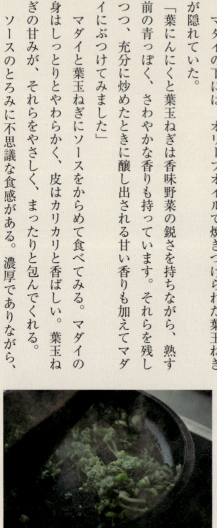

さらっとした印象。小麦粉を使ったソースのような粘りは感じない。何が使われているのだろう。

「じゃがいもです。葉にんにくとじゃがいもを炒めたあと、しっかり煮てミキサーにかけ、とろみを出しました。ソースの濃度を野菜の力で増すことで、口のなかに残る時間を長くさせたんです。マダイを噛み、ソースと一緒に飲み込んだあとには、葉にんにくの余韻が口の中に広がると思います」

このじゃがいもには、もう一つ、秘密があった。貯蔵されていたじゃがいもなのだ。水分が抜けたことによるうまみがぎゅっと詰まっている。だからこそ、ソースにしっかりした濃厚さが加わるのだ。

「マダイの皮をカリッと仕上げるコツは、熱したフライパンに皮目を下にして並べたら、身が落ち着くまで手でしっかりと押さえることです。押さえずに焼くと、皮が縮み、フライパンの面から離れてしまいます」

皮が香ばしく焼け、七割ほど火が通ったら火を止める。裏返して余熱で火を通せば、身がパサつかず、ジューシーに仕上げることができる。

マダイは身が落ち着くまで手で押さえて皮目を焼く

こすときはお玉などで押し、ザルの網目を通りやすいようにする

グリーンガーリックポタージュとマダイのポワレ

材料（4人分）

マダイ……4切れ
オリーブオイル……大さじ1
塩……少々

［葉にんにくのポタージュソース］
葉にんにく（緑と白の部分を切り分けて小口切り）……3本
じゃがいも（皮をむいて薄切り）……1個
ほうれん草（刻む）……1束
鶏ガラのブイヨン……800ml
生クリーム……200ml
塩……少々
オリーブオイル……大さじ1

［葉玉ねぎのキャラメリゼ］
葉玉ねぎ（小口切り）……2本
塩……少々
オリーブオイル……大さじ1

作り方

① ソースを作る。深めのフライパンにオリーブオイルを熱して葉にんにくの白い部分を入れ、塩を振ってよく炒める。
② じゃがいもを加え、ブイヨンを注ぎ、約15分煮る。
③ 葉にんにくの緑の部分を加え、ひと煮立ちさせてから生クリームを加え、沸騰させる。ほうれん草を加えて、しんなりしたら火を止める。
④ ③をミキサーに入れ、なめらかになるまで攪拌し、ザルでこす。
⑤ キャラメリゼを作る。フライパンにオリーブオイルを熱して葉玉ねぎを入れ、塩を加えて色づくまで中火で炒め、取り出す。
⑥ マダイに塩を振る。フライパンにオリーブオイルを熱し、皮目を下にして中火で焼く。熱いフライパンにマダイをのせると皮が縮むので、丸まらないように手で押さえながら焼く。皮目がパリッと香ばしく焼け、7割ほど火が通ったら火を止める。裏返し、余熱で火を通す。
⑦ ④が冷めていたら軽く温め、器に⑤、④、⑥の順に盛りつける。

かぶの菜の花オレキエッテ

オレキエッテにからむオイルソースのとろみ

菜の花を使った料理の三品目は、自家製オレキエッテを使ったオイル系パスタだ。オレキエッテはイタリア語で「小さな耳」を意味するショートパスタで、その名の通り、丸く中央がくぼんでいる。

渉さんができたてをサーブしてくれた。テーブルの上がパッと華やかになった。飾りにのせられている菜の花が初々しい黄色の花を咲かせている。春の訪れを祝福するような料理だ。湯気に混じって鼻をくすぐるのは、オイルソースから漂うにんにくの香り。オレキエッテもオイルソースがからんで、つややかだ。

熱々を食べてみた。オイルソースがまろやかにオレキエッテと菜の花になじんでいる。やわらかな噛み心地が気持ちをほぐしてくれるようだ。

オレキエッテの生地をテーブルナイフでこすりつけて形を作る

この料理の菜の花は、ブルスケッタに使われていたカーボロネロよりもうまみが軽く、控えめだ。

「かぶの菜の花を使いました。やさしい味に仕上げたかったので、しっかりゆでて、甘みも引き出しています」

オレキエッテを手作りするのは難しくないのだろうか。

「大丈夫ですよ。体重を軽くかけるようにして、よくこねてください。ザラザラしていた生地がなめらかになり、表面にほんのりとつやが出てくるまでが目安です」

一時間ほど寝かせたら、木製ボードやまな板の上でオレキエッテの形を作っていく。まず、棒状にのばした生地をテーブルナイフで少量切り取る。次に塊にナイフの先を当て、手前に引きながらボードにこすりつける。こうすると、表面がザラザラとした丸いくぼみのあるオレキエッテの形ができる。その後、手で形を整えるといい。

パスタのゆで汁に含まれるでんぷん質は、ソースのとろみづけにも役立つ。

「ソースにゆで汁を加えたあとは、よく沸騰させてください。ボコボコと泡立たせる熱と鍋を振ったり、木べらで混ぜる力の組み合わせがソースのからみをよくする乳化を促すからです」

冷めるとオイルが乳化しにくいので、熱いうちに手早く混ぜる

オレキエッテの表面がザラつくことでソースがからみやすくなる

かぶの菜の花オレキエッテ

材料（3〜4人分）

かぶの菜の花（先端を摘み取り、残りを3cm長さに切る）……8本
にんにく……3片
唐辛子（種を取る）……1本
オリーブオイル……大さじ3

［オレキエッテ］
セモリナ粉……200g
水……90ml
塩……ひとつまみ

飾り用菜の花（花の部分）……適量

作り方

① にんにく、唐辛子にオリーブオイル大さじ1をかけてから、みじん切りにして混ぜる。
② オレキエッテを作る。ボウルにセモリナ粉と塩を入れて混ぜ、水を少しずつ加えながら混ぜてひと塊にする。テーブルなどの上に出し、手のひらを使いながら体重をかけてよくこねる。
③ ザラザラしていた生地がなめらかになり、つやが出てきたら、丸めてラップに包み、1時間ほど寝かせる。
④ ③を4等分し、細い棒状にのばす。テーブルナイフで人差し指の先くらいの塊を切り取り、木製ボードかまな板にこすりつけながら、ナイフを手前に引く。ザラザラした面が出るように指先で丸みをつけて形を整え、バットか木製ボードに並べ、30分ほど表面を乾かす。
⑤ 熱湯に塩（湯に対して1%の量）を加え、④をゆでる。再沸騰したら菜の花を加えて8〜10分ゆで、オレキエッテと菜の花を一緒にザルに上げる。ゆで汁は取っておく。
⑥ 鍋に①を入れて熱し、香りが立ったら、⑤のゆで汁大さじ2を加えて混ぜる。⑤のオレキエッテと菜の花を加え、摘み取っておいた菜の花の先端も加えて和える。
⑦ 火から下ろし、ふつふつと沸いている間に、オリーブオイル大さじ2、⑤のゆで汁（濃度を見ながら加減）を加える。手早く鍋を振りながら混ぜて乳化させ、とろみを出す。
⑧ ⑦を皿に盛り、菜の花を飾る。

四月　五感を刺激するポップな野菜たち

季節を走り始める野菜の生長

四月二十日の久松農園は、すでに初夏の陽気だ。最高気温は二五・四度。日差しはまぶしく、体も汗ばむが、畑を抜ける風はさわやかで心地よい。

「今年は本当に春が早い。このあたりはゴールデンウィーク頃に桜が咲くんですけど、今年は十日くらい早かったです」と久松さんは言う。

先月はマルチシートの上で楕円形の葉を広げていたスナップえんどうも一気に生長していた。アーチ型の支柱が立てられ、その土台を埋め尽くすように楕円形の葉が密集している。葉の合間のところどころから顔をのぞかせているのは、可憐な小さい白い花。これまでどこへのびようか迷っているように見えていたつるも、支柱をおおう目の粗いネットを足がかりに、空へ空へと勢いよくのびている。

晩秋から始まった「Then and There」の畑めぐりも、これまではゆったりとしていたが、この月からは野菜の品目が増え、生長の速度が増し、

スナップえんどうも一気に生長し、花が咲いてきた

季節を走り抜けていくような状態に変化していった。

事務所近くの畑では、ズッキーニが鮮やかな山吹色の花を咲かせていた。栽培部門のチーフ、飯沼学さんが花を持ち、畝の前でうずくまっている。何をしているのか、たずねると「受粉をしているんです」と教えてくれた。

ズッキーニはウリ科カボチャ属。北アメリカ南部を原産とするペポカボチャの一種だ。

植物には一つの花に雄しべと雌しべが存在するものもあるが、ズッキーニは雄花と雌花が別々に咲く。どちらも山吹色の花弁で、形状も似ている。

「花のガクの下にふくらみがあるのが雌花、ないのが雄花です」と飯沼さんに教えてもらい、やっとその違いが分かった。

雌花の下にあるふくらみが実になっていくのだが、雄花の花粉をつけないと大きく育たず、食用にならない。また、未受粉で放置すると実が腐ってしまい、病気の原因にもなる。そこで、雄花の花粉を人為的に雌花につけるのだ。

「蜂が花粉を運んでくれることもありますが、雄花と雌花の咲くタイミングが違ったりすると、自然の受粉では間に合いません。そこで、人工授粉で助けるのです。アブラムシがつきやすいので、受粉が終わった雄花は虫と一緒に取ってしまいます。寒かった去年は生育が遅く、『花粉がない、ない』と受粉には苦労しました」と飯沼さんは話す。

ズッキーニは開花から五〜七日で収穫できるようになる。実が二〇センチほどの長さになったら、ハサミで親づるから切り離す。開花から収穫まで驚くほど早いのは、熟し切らない状態で食べる若採り野菜だからだ。

飯沼さんが受粉作業をしていたズッキーニ畑は、第一章の「Spot and Table」で、参加者がめぐった畑の一つ。「Spot and Table」が開催されたのは、このときの取材から一カ月余りあとだ。

四月は一つの株に花を一つ二つ見る程度だったズッキーニが、五月には葉が畝をおおうまで育ち、実やつぼみが親づるにいくつも重なっていた。

今、原稿を書きながら、一カ月で大きく生長した姿を思い返すと、「Spot and Table」で久松さんがズッキーニ畑のなかで語っていた「時の重みが生き物ごとに大きく違う」という言葉があらめて胸に響く。私はこの一カ月、何か実になるようなことをしていただろうか。

「みさき」は春キャベツの無敗の横綱

毎月、どの野菜のことも愛おしそうに説明してくれる久松さんが、今月、ひときわ目を輝かせた野菜があった。春キャベツの一つ、「みさき」だ。


四月は春キャベツの最盛期。畝をおおう防虫ネットを少し持ち上げ、その隙間から、久松さんが「みさき」を採り出してくれた。

「みさき」は葉の上部が尖り、たけのこのようなユーモラスな形をしている。ほとんど一般市場に出まわらないため、久松農園の契約者以外で見たことのある人はそう多くないだろう。

雄花と雌花が別々に咲くズッキーニは人為的に受粉させる

花はまだ少ないが、ズッキーニの受粉作業も始まっていた

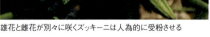

おいしさは抜群なのに、なぜ市場に出まわらないのか。

その理由を久松さんは、「みさき」と同じ畑で育てている、もう一つの春キャベツ「アーリータイム」と比較して教えてくれた。「アーリータイム」は、「みさき」のように尖った部分がなく、一般的なキャベツと同じボール形をしている。

まず春キャベツが冬キャベツと大きく違うのは、結球がゆるく、葉と葉の間の隙間が大きいことだ。葉の枚数も春キャベツのほうが少ない。

そして、何よりも、甘くてジューシー。冬キャベツが加熱して甘みを引き出したほうがおいしいのに対し、春キャベツは生で食べたいフレッシュさが持ち味だ。

「春キャベツは秋に種を蒔き、小さい苗で越冬させて今の時期に収穫します。気温が高く、水分が多い時期は、結球の最後の巻きが一気にくる。そこが、寒さのなかでじっくり葉を巻いていく冬のキャベツとの違い。だから、春キャベツは葉の枚数が冬キャベツよりも少なく、葉の間が広くなるんです」

そんな春キャベツのなかでも、「みさき」は歯切れが抜群によく、しっかりとした甘さとたっぷりの水けを持つ。それでいて、ほのかな苦みも。生食用キャベツとしては無敗の横綱だ。

久松さんが、「みさき」と「アーリータイム」を半分に切り、断面を見せてくれた。

防虫ネットを開け過ぎないように気をつけながら春キャベツを収穫

5月初旬から収穫が始まる新玉ねぎの畑

「葉肉の大きさの違いが分かりますか。『アーリータイム』のほうが密な感じ。『みさき』は三角形なのに、ふわっとしている。春キャベツには葉がゴワッとしているものもあれば、ジューシーでやわらかいものもある。『みさき』はジューシーの代表格です」

二つのキャベツを食べ比べると、パリッとした食感や甘さに共通点がある。どちらも、みずみずしく、さわやかだ。しかし、「みさき」のほうがうまみが強く、きめの細かい繊細さを感じる。

春キャベツのなかでも群を抜くおいしさなのに、「みさき」が一般市場で注目されにくいのは、農家にとって栽培と収益のバランスが取りにくいからだ。

左が「アーリータイム」、右が「みさき」

春キャベツの栽培には、冬キャベツとは違う課題がある。まずはモンシロチョウやヨトウガなどの虫との闘い。葉がやわらかいだけに、食い荒らされやすい。

春キャベツも品種によっては虫がつきにくいのだが、「みさき」は葉がよりやわらかく、結球の上部が開いているだけに、すぐに奥まで入り込まれてしまう。ガよりずっと戦闘能力の弱いモンシロチョウでも大敵なのだ。

「みさき」を収穫するとき、久松さんが静かに持ち上げた防虫ネットの隙間は、さほど大きくないように見えたが、それほどの狭さでもモンシロチョウやヨトウガはするっと入り込み、葉に卵を産みつけてしまう。

「『みさき』を無農薬で作るのは、本当に無謀」と、久松さんは苦笑いした。

しかも、「みさき」は長く畑に置いておくことができない。収穫が少しでも遅れると、葉がパリンと割

「みさき」の話をするときは、久松さんの表情もひときわ輝く

れてしまったり、薄くて水分が多いために蒸れやすく、葉先が溶けてしまうこともある。

久松農園でも、作り始めた頃は、できあがりがバラついたり、収穫できなかったり、いいものができても、短い収穫期に売り先が確保できなかったりと苦労した。

また、一般市場での扱いにくさでいえば、たけのこ形は出荷用の段ボールに数多く入れるのが難しい。水分が抜けやすいため、店頭でも早くに乾燥してしまいがちだ。葉の枚数が少なく、しおれた外葉をむいて並べる販売の技が使いにくいということもある。

だが、「みさき」は、久松さんたちにとって、栽培の面白さを教えてくれる大切な春キャベツだ。

久松農園で「みさき」を出荷できるのは、早くても四月二十五日。最盛期は五月だった。それを今シーズンは、種蒔きの時期を繰り上げて栽培を始めた。結果は成功だった。

「関東で今の時期にできるだろうかと、相当なチャレンジだったんですけど、うまくできた。来年からは、もっと早く出そうと思っています。『アーリータイム』もおいしいんですけど、やっぱり春には『みさき』が出ましたってお客さんに言いたいんですよね」

「果たし合い」が奏でる二重奏

「みさき」に春にんじん、ジューシーで甘いかぶ、ほろ苦いセロリ、辛みが魅力のルッコラ、シャキシャキした食感の赤サラダからし菜や赤水菜——。渉さんが四月の料理に使った野菜は、久松農園の畑が丸ごと器にのせられたような豊かさだった。

「春は野菜の種類が一気に増え、彩りもカラフルになってきます。味も冬より軽く、歯触りや香りなど、

五感を刺激する力が強くなる。そのバラエティさを楽しく味わってほしい。フレッシュな魅力を味わうには、そのままか生に近い状態で食べるのがベストだと思うんです」

渉さんの言葉通り、四月の畑で食べさせてもらった野菜は、どれもみずみずしく、香りも食感も軽やか。冬のしみじみさとは違う、ポップな楽しさだった。

たとえば、春にんじんだ。この時期に出荷される葉つきにんじんは細長く、冬にんじんより華奢だ。しかし、香りが強く、食感はカリッと軽い。甘さに混じって、パンッとさわやかな苦みも広がる。そして、噛みしめるうちに、その苦みは和らぎ、まろやかで濃厚な甘さが残っていく。

収穫はもう少し先というセロリも、鼻に抜けるような特徴的な青みの強い香りはすでに充分、持っている。春の陽気でぼうっとする体に気合を入れてくれるような味だ。

久松さんが畑で「セロリはきんぴらにするのが、一番おいしい」と教えてくれたことも忘れられない。

驚いたのが、久松さんが皮を厚めにむいて渡してくれたかぶだ。したたり落ちるほど水分が多く、かじりついた歯がするっと通ってしまう。果物に近いような甘みの濃さなのだ。品種は「白馬」という。

「うちでもいろいろ試してみたんですけど、味と食感、ジューシーさでは『白馬』にかなうものはないです」と久松さんは言う。

しかも、この品種は冬に栽培しているものと同じ。冬に食べたときは、水分が適度に抜けたことで、うまみが内側にぎゅっと詰まっているような味だった。それが、春は外へ外へと広がるように感じるのだ。

野菜のおいしさに関わる「品種」と「栽培時期」を、私はこれまで野菜に負荷をかけず、素直に育つ時期に栽培することだと思っていた。しかし、このかぶのように、同じ品種でも育つ季節で味の質が大きく違ってくることも含まれているのだ。

久松さんは「野菜は畑で採りたてを食べるのが、一番うまい」とつねづね口にする。

私も畑めぐりをして、その言葉に深くうなずくことになった。ことにフレッシュさが持ち味の春の野菜は、収穫から時間が経てば経つほど味も食感も変わってくる。もちろん、久松農園の野菜は家に届いた時点でも充分においしいのだが。

そんなことを考えていると、シェフである渉さんにとって久松農園の野菜と相対することは、「料理の敗北では？」という疑問も浮かんでしまう。

その意地悪な質問を投げかけてみた。

「畑で食べる新鮮な野菜のおいしさには、かなわない部分もあります。失われたものは、いくら料理をし

かぶの「白馬」は、みずみずしく、濃厚な甘さを持っている

ても補えないですから。それで始まったのが、畑をレストランに見立てた『Spot and Table』でもあるんです。でも、切り方や火の通し方で、野菜の持ち味をもっと引き出すこともできる。冬の野菜であれば、加熱することで甘みやうまみが増しますよね。春野菜も、咀嚼《そしゃく》や舌の上でつぶれていく感覚も考えた大きさに切れば、そのままかじるより、食べる深さがずっと増します。調理の手をかけることで、畑で採りたてを食べるのとは、体験の質が変わってくるんです」

久松農園に通い始めた頃の渉さんは、ミキサーをまわしたり、さまざまな食材と組み合わせたり、野菜と格闘し、今よりもずっと手の込んだ調理をしていた。

しかし、「料理にすることでしか引き出せない野菜のおいしさとは何だろう」と考え、回を重ねるうちに、調理法がどんどんシンプルになっていった。

味をとらえるのは舌だけではない。私たちは視覚や触覚、記憶など、あらゆる感覚と体験を動員させて味を受け取めている。

「久松さんの野菜を通して、食材との距離がもっと近くなりました。目の前にある野菜だけを見るのではなく、五感や食べる人の背景にあるものまで想像して料理を作るようになったのです」

「Spot and Table」について久松さんに話を聞いたとき、「僕と渉さんの果たし合いの場」と言われたことがある。

久松さんと渉さんの「果たし合い」は、どちらも名演奏家のピアニストとバイオリニストの二重奏のようなものかもしれない。手にする楽器も奏でる音色も違うが、演奏家たちは、時にぶつかり合い、時に寄り添いながら、聴衆に美しい旋律を届けてくれる。

私には、「Then and There」で畑をめぐったり、久松さんが渉さんの料理を食べているときも、その二重奏が聞こえてくるようだった。

四月の料理

・みさきキャベツと春野菜のバーニャカウダ
・グリルキャベツとビーフステーキの甘夏ソース
・キャロットケーキ

みさきキャベツと春野菜のバーニャカウダ

歯切れのよさを引き立てるまろやかソース

「冬キャベツがフランスパンとしたら、春キャベツはサブレのよう。春キャベツには冬よりもホロホロと崩れるような食感があります。なかでも『みさき』は歯切れのよさが絶品です。噛んだときに、歯のどこにも引っかからない。繊維が少ないからでしょうね。久松農園で初めて知ったときには、なんだこれは、と本当に驚きました」

渉さんは、「みさき」を女性的な春キャベツと表現する。新鮮なレタスに近い食感があるという。

そんな「みさき」と葉つきにんじんをバーニャカウダにしたのは、春野菜のシャキシャキ感を生かしつつ、ソースで温かみとパンチを加えたかったからだ。

この日、使ったのはうまみの詰まった貯蔵にんにく。収穫後、貯蔵用ハウスで保管されていたものだ。それを二個ほど使い、

たっぷりの牛乳で煮ると、にんにくがまろやかな味になる

手で簡単につぶれるくらいまで、牛乳で煮込む。その後、アンチョビを加え、クリーム状に仕上げる。

「牛乳で煮ると、にんにくをたっぷり使っても匂いの角が取れ、まろやかな味になります。その丸みが軽い食感の春野菜によくなじむんです」

バーニャカウダを作るときのポイントは「乳化」。かき混ぜながら加熱することで油が乳化し、とろりとした状態になる。「みさき」を一枚、芯からはがし、バーニャカウダソースをたっぷりつけて食べてみた。シャキッとした歯切れだが、葉質はやわらかい。「みさき」の軽さに、とろりとした濃厚なソースがからむ。アンチョビの塩けとうまみが、「みさき」の甘みをいっそう引き立て、食べる手が止まらない。

葉つきにんじんは、葉には苦みが、根にはすっきりした甘みがあり、濃厚なソースとよく合う。カリッとした噛む感触も楽しい。かぶと食べ比べてみると、にんじんと甘みの質が違うこともよく分かる。

「葉を食べる野菜、茎を食べる野菜、根を食べる野菜と、特徴の違う野菜を組み合わせると、香りや噛みごたえが変わり、楽しさの幅が広がると思います」

オリーブオイルを少しずつ加え、混ぜながら弱火で煮て乳化を促す

バーニャカウダの鍋を包むように野菜を彩りよく並べる

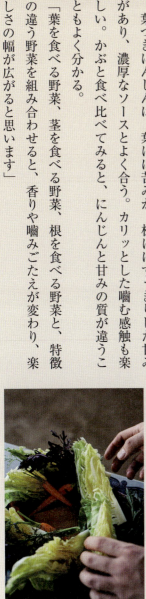

みさきキャベツと春野菜のバーニャカウダ

材料（6人分）

キャベツ（みさき・縦6等分に切る）……1個
ミニにんじん（縦半分に切る）……3本
かぶ（縦6等分に切る）……1個
赤サラダからし菜、セロリ、赤水菜……各適量

［バーニャカウダソース］
にんにく（1/2に切る）……50g
牛乳……200ml
アンチョビ……40g
塩……小さじ1
オリーブオイル……100ml

作り方

① 鍋ににんにくと牛乳を入れ、にんにくがやわらかくなるまで弱火で煮る。途中で煮詰まってきたら水を足す。
② ①のにんにくを取り出し、アンチョビを一緒にみじん切り状になるまで包丁で叩く。
③ ②と塩を小鍋に入れ、オリーブオイルを少しずつ加え、混ぜながら弱火で煮る。
④ ③の小鍋を中央に置き、周りにキャベツなどの春野菜を彩りよく盛りつける。

グリルキャベツとビーフステーキの甘夏ソース――

丸ごとキャベツのボリューム温サラダ風

フレッシュさが魅力の「みさき」にあえて軽く焼き目をつけたのが、次の一品だ。

「生のよさはバーニャカウダで楽しんでいただけるので、もう一品は違うおいしさを知っていただこうと、焼いた香りを重ねてみました。とはいえ、火の通りは軽く、生に近い状態です」

「みさき」のやわらかさの質に合わせ、ステーキの肉には牛も肉を選んだ。

「『みさき』は芯も含めて丸ごと使います。芯はキャベツの味が一番、凝縮されている部分です。畑で食べてみたら、やわらかく、芯を切り取る必要を感じなかったので、そのまま生かすことにしました」

ジューシーに焼けたステーキを一口大に切り、「みさき」の葉に巻いて食べてみた。生のときより濃く感じる甘みと焼けた

春キャベツのグリルは香りをつけるのが目的。さっと焼く

香ばしさが、赤身肉にぴったりと合う。

　甘夏のソースも軽いとろみがあり、「みさき」やステーキ、焼いた新玉ねぎをさわやかな酸味で包んでくれる。渉さんは酸味を肉料理の味を引き締めるために使うことが多い。「肉の脂のこってりした味わいを酸味で切り、口のなかをさっぱりとさせると、味のバランスが取れる」のだという。揚げ物にレモンをかけると、おいしさが増すのと同じ理由だ。この料理に甘夏を使ったのは、柑橘類の酸味が持つ軽さを生かすため。酢やバルサミコ酢の酸味では重くなり過ぎる。春キャベツの軽さに合わせたソースなのだ。

　そう聞くと、見た目は豪快な肉料理だが、口のなかの味わいは、確かにボリュームのある温サラダの趣だ。

「甘夏のソースは、ステーキを焼いたフライパンの余熱を使って作ります。オリーブオイルを加えることで、肉汁だけで作るより濃度が出るので、野菜や肉に味がからみやすくなります」

　仕上げに散らされたアーモンドのカリッとした食感が時々、混じるのもいい。さわやかな辛みと苦みを持つルッコラと食べると、甘みと酸味のなかにピリッとした風味が加わる。

甘夏ソースが香りとさわやかな酸味を加えてくれる

厚い鋳鉄鍋を使うと熱が下がらず、きれいに焼き上がる

グリルキャベツとビーフステーキの甘夏ソース

材料（2人分）

牛もも肉（ステーキ用・常温に戻す）……240g

キャベツ（みさき）……1/2個

新玉ねぎ（縦4等分に切る）……1/2個

甘夏（実を取り出して半分に切る）……1/2個

塩……少々

黒こしょう……少々

オリーブオイル……適量

アーモンド（からいりして包丁の腹で砕く）……12粒

飾り用ルッコラ……適量

作り方

① キャベツと新玉ねぎにオリーブオイルを塗り、塩を振る。

② グリルパンでキャベツ、新玉ねぎの表面に焼き目がつくまで、時々、手で押さえながら焼く。

③ 牛もも肉に塩、黒こしょうを振る。

④ 煙が出るまでよく熱したフライパンにオリーブオイル大さじ1をひいて牛もも肉を入れ、強火で焼く。片面に焼き色がついたら、ひっくり返し、もう片面も同様に焼く。牛もも肉を取り出して網の上にのせ、アルミホイルをかぶせ、コンロの脇などの温かい場所に5分ほど置いてから7㎜幅に切る。

⑤ ④のフライパンの余熱を利用し、甘夏、塩、黒こしょう、オリーブオイル小さじ1を入れて肉汁となじませ、ソースを作る。

⑥ 皿に②と④を盛り、⑤をかけ、アーモンドを散らし、ルッコラを飾る。

キャロットケーキ

にんじんをたっぷり使う素朴な焼き菓子

　渉さんがキャロットケーキを知ったのは、アメリカに興味を持ち始めた頃に読んだ本がきっかけだ。その後、渡米し、現地で野菜のケーキが日常的に親しまれていることを知った。

　アメリカではキャロットケーキだけでなく、ズッキーニブレッドなどの焼き菓子が朝食やティータイムによく食べられていた。渉さんはその愛され方を見たとき、アメリカの「おふくろの味」のように感じたという。

「僕には思い出の味です。このキャロットケーキのレシピは、現地で味わったものより生地の甘さは控えめですが、アイシングをかけ、アメリカのケーキらしいパンチを加えました」

　生地に混ぜるにんじんは、スライサーでせん切りにしたもの。沖縄料理の「にんじんしりしり」くらい細長いものをたっぷりと使う。

にんじんは細長い「しりしり」くらいのサイズに切る

アイシングに使うのは、クリームチーズとレモンだ。このアイシングのおかげで、さっぱりした食感のケーキに、ほどよいしっとり感が加わわる。

生地のアクセントになっているのは、カリッとした食感のくるみと、甘酸っぱいレーズン。にんじんの葉もハーブとして混ぜ込んである。

「飾りには素揚げしたにんじんの葉を使いました。香りがぐんとよくなりまし、ちょっとした苦みも加わって、食べ飽きない味になったと思います」

渉さんは菓子のレシピを考えるとき、野菜も食材の一つとしてフラットにとらえている。果物は香りや甘みが強いだけに味の主役になってしまうが、野菜は菓子でも、料理に近いレシピとして組み立てがしやすいそうだ。最近はビーツのチーズケーキや枝豆の水まんじゅうを作ることもあるという。

この日は、焼くときにダッチオーブンを使った。蒸気を逃さずに焼けるので、しっとりと仕上がる。家庭のオーブンでも作れるが、キャンプなどの朝食やデザートに作るのも楽しそうだ。

アイシングはたっぷりと。ナイフで模様をつけるように塗る

にんじんの葉、くるみ、レーズンを生地に混ぜ込む

キャロットケーキ

材料（長さ18cm×幅8cm×高さ６cmのパウンドケーキ型１台分）

薄力粉……140g
ベーキングパウダー……小さじ1/2
シナモンパウダー……小さじ1
卵……2個
きび砂糖……100g
米油……100ml
塩……ひとつまみ
にんじん（スライサーなどでせん切り）……150g
くるみ（粗く刻む）……50g
サルタナレーズン……40g
にんじんの葉（太い茎を除き、適当にちぎる）……1本分

［アイシング］
クリームチーズ（常温に戻す）……90g
粉糖（ふるう）……180g
レモン汁……小さじ1

飾り用にんじんの葉（太い茎を取りのぞき、少量の油で揚げる）……適量

作り方
① パウンドケーキ型にオーブンペーパーを敷く。電気オーブンの場合は、180℃に予熱する。
② 薄力粉とベーキングパウダー、シナモンパウダーを合わせてふるう。
③ ボウルに卵を割り、きび砂糖を加えて泡立て器で混ぜる。米油を3回に分けて加え、その都度、泡立て器で混ぜる。
④ ③ににんじん、塩、②を加え、ゴムべらで切るように混ぜる。粉っぽさがなくなったら、くるみ、サルタナレーズン、にんじんの葉を加えて混ぜる。
⑤ ④を①の型に流し入れ、ふきんの上で軽く底を叩いて空気を抜く。
⑥ 網を敷いたダッチオーブンに入れ、蓋をする。ダッチオーブンの下底と蓋の上に炭を置き、50〜60分焼く（電気オーブンは50分）。表面がこんがりと焼け、串を刺して何もついてこなければ取り出す。オーブンペーパーごと型から出し、網の上で冷ます。
⑦ ボウルにクリームチーズを入れ、ゴムべらでなめらかになるまで練り、粉糖を加え、さらによく練る。レモン汁を加えて練る。
⑧ ⑥のオーブンペーパーを外し、ケーキの上面にアイシングをナイフで波状に塗り、にんじんの葉を飾る。

5

夏

Summer

六月　ハウスのなかで育つ夏の小さな宝石

鈴なりの赤、黄、緑のトマト

カシャッ、カシャッ。キッチンさんが押すカメラのシャッター音が、いつもより大きく聞こえる。

ここは、久松農園の事務所に近いビニールハウスのなか。トマトが栽培されている畑だ。畝が四列に並び、トマトの苗が大人の背丈を超えるほどにのびている。

入り口から入って一番左側の畝は、黄色のミニトマト、その隣は赤いミニトマト、右の二列は大玉トマトだ。

黄色いミニトマトは「オレンジ千果」、赤いミニトマトは「千果」、大玉トマトは「パルト」という品種。その他に、もう一棟のハウスでは、大玉トマトや加熱調理に向く品種「すずこま」などが育てられている。

六月の「Then and There」で訪問した二十一日は、夏至。どんよりとした梅雨空が広がり、蒸し暑く、にわか雨も予報されていた。

しかし、ハウスのなかには、酸味も感じる控えめな甘い香り、葉や茎の青っぽい香り、土の匂いが入り混じり、盛りのトマトたちが発する「気」が人間を圧倒するほどに詰まっていた。

この日に出荷する分の収穫は終わっていたが、ミニトマトの苗には、赤や黄色に変わり始めた実や、こ

れから色づく緑色の実が、まだたっぷりと鈴なりになっている。その小さな球はつややかに輝き、まるで夏の宝石のようだ。

「けっこう熟度で味が違うよね。皮が甘い」

「緑色が甘いですね。酸味がない。こっちは香りがすごい」

「ああ、本当だね。焼きたい感じ?」

目についたミニトマトを採りながら、久松さんと渉さんが訥々と話している。交わす言葉は短いが、伝えたいことは感覚で共有しているように見える。

トマトのおいしさは、皮と中身のどちらで決まるのだろう。

「全体だと思うんですけどね。トマトの水分にも、だしになるくらいのうまみはあるし。ただ、固形物のほうが味は濃厚に感じるかもしれません」と久松さんが言うと、渉さんはレストランの厨房での扱い方を教えてくれた。

調理場では湯むきのときに皮をできるだけ薄くむくように指示される。皮のすぐ裏にあるゼリーのよ

うな部分にうまみがあるからだ。

「皮を厚くむくと煮崩れしやすいし、ドライトマトを作ってもへたってしまう。どれだけの時間、湯に浸けるか、熟度やトマトの種類を考えて調整することが大事なんです」

トマトの湯むきにもプロの技が隠されているのだ。

トマトの栽培では、生長に合わせて、主茎からのびてくる無用な枝葉の「側枝《そくし》」を摘み取ったり、生長点である主茎の先端を摘み取ったりする作業が必要になる。正常な実をつけさせ、収穫量を確保し、人間が収穫しやすい状態に保つため、細やかな観察と作業が欠かせない。

そして収穫はこんな順番で行われる。トマトは苗の中心である「主茎《しゅけい》」から、葉だけが出ている「葉柄《ようへい》」の茎と、実がつく部分の「花房《かぼう》」の茎が、それぞれ別の茎としてのびている。「花房」は主茎の根のほうから、第一花房、第二花房と段々に増えていく。そのため、収穫のときは根に近い花房から採っていくのだ。

久松さんが根元に敷かれたマルチシートをめくり、根が張っている様子を見せてくれた。トマトの根が広くのびている。深さも相当にあるという。

「トマトの栽培には、わざと根の張り方を制限したり、水分供給を抑えて、小さく締まった濃厚なものを作ったり、収穫量が増えるように栽培する技術があります。たとえば、『モモタロウ』は古い品種で、今は他の品種のほう

久松さんが根を見せるためにシートを上げてくれた

ミニトマトは根に近い花房から収穫する

が人気がある。でも、丈夫なので、与える水分量を抑えて締めたり、収穫量を増やしたり、幅広い栽培にも耐えられる。設備の発達で、水や肥料のやり方を自在にコントロールできるようになったので、トマト農家のなかには、『モモタロウ』も面白いかも、と言う人もいます」

そう話す久松さんも、おいしいトマトへの探究心は貪欲だ。ハウスのなかには、実験として大玉トマトの「妙紅《みょうこう》」が一本だけ植えられていた。「妙紅」は、もともと有機の露地栽培に向く品種だ。甘みと酸味のバランスがよく、コクがあり、野性味にあふれている。

久松さんも味が気に入り、これまで露地栽培で育ててきたが、病気になりやすく、どうしても満足できる収穫量が確保できない。そこで、ハウスで栽培してみることにしたのだという。

「たぶん、これだけ制御した環境で『妙紅』を栽培しているのは、日本でうちだけ。でも、最初はめちゃくちゃにうまくいかなくて。花房の一段目は形も揃わないし、ぜんぜんおいしくなかった。今はだいぶ形も味もよくなりましたけど、まだまだ。この品種に適した管理をすればいいんでしょうけど」と、悔しげな表情を見せた。

生育環境を制御するハウス栽培

露地栽培とハウス栽培の違いは、どこにあるのだろう。久松さんに聞いてみた。

「一番の違いは、栽培をコントロールできること。植物栽培では生育に応じて必要なタイミングに、必要な量の水や肥料、二酸化炭素を与えることが大切です。トマトの制御技術は、この二十年で格段に進歩しました」

作物の周囲の湿度は低過ぎると好ましくない。乾燥していると、植物は葉の裏にある気孔を閉じて水の蒸散を抑え、温存しようとする。その結果、二酸化炭素が取り込めなくなり、光合成が抑えられてしまう。

露地栽培の場合は降雨という天然の水まきがある。久松農園も露地栽培の畑は天の恵みを待つ。好天が続き、降雨量ゼロの日が続くと、久松さんのFacebookには雨を待ちのぞむ投稿が増える。

久松農園で露地栽培の畑に人為的に撒水しないのは、灌水設備の問題だ。もし撒水するとすれば、そのたびに畑にタンクと散水ホースを設置し、人が張りついて水をまかなければならない。農作業が忙しい夏に、他の作業を犠牲にして水まきできる機会は少ない。

ハウス栽培の場合は、降雨による水分供給ができないため、人工的な灌水が必要だ。久松農園のトマト

トマトは水をやるべきタイミングに適量を与えることが重要だ

が育つハウスにも灌水設備が導入されていた。マルチシートと土の間に細いホースが通され、そこから水が出てくる。

「かつては作物がいつ、どのくらいの水や養分を必要としているかは、農家のカンに頼っていました。今は環境をチェックするセンサーで正しく変化を把握できます」

久松農園のハウスにもセンサーが設置されていた。日射量や土壌水分、土壌養分、空気中の温度と湿度、カメラによる撮影などが二分おきに計測され、リアルタイムでチェックできる。データはネットワークを通じてクラウドに転送され、蓄積されていく。また、コンピュータで設定されたルールに従って、水や肥料も自動で供給される仕組みだ。

「将来的には自動換気やミスト、二酸化炭素の供給設備の設置も可能です。光・水分・養分・二酸化炭素などの環境因子をコントロールすることで、同じ品種でも収穫量や品質を大幅に改善できるようになるのです」

農業設備にどれくらいコストをかけるかは、投資に見合う収益が得られるかどうかの経営判断による。じつは今、中国製部品の供給が増えたことなどにより、栽培環境を制御する設備コストがどんどん下がっている。小規模農家でも設備が手に入りやすくなったことから、一般の農家にも導入が広がっているのだという。

こうした技術の進歩に加え、農業の集約化が進み、一軒あたりの規模が拡大している。また高齢化で農家の数が減る一方で、生産性は向上し続けている。このことにより、いずれは、

ハウス内の環境をチェックするセンサー機器

トマトの市場価格が一気に下がる可能性は高い、と久松さんは予想する。

それだけでなく、「今、日本の大玉トマトの平均単価は、ヨーロッパの三倍くらい高いんです。それを狙って、海外の農家が日本のマーケットに参入してくる可能性もある。韓国などの近隣国であれば、当日収穫したトマトを流通させることは充分に可能なんです」

ハウス栽培の特徴から広がった栽培技術や市場価格の話。私たち消費者は身近なトマトに対して、市場や流通の変化まで注意深く関心を持つことは少ない。

しかし、久松さんの話を聞いていると、目の前で育つトマトが日本の農業の課題や世界のマーケットにまでつながっていることに気づかされる。そして、久松さんが、そのビジネス環境に身を置き、変化を見据え、闘っているということも。

市場や流通が変われば、日本のトマトの品種や味も影響を受ける。「野菜のおいしさ」には、経済問題も深く関わっているのだ。

大玉トマトの「パルト」。これから色づくのを待っている

夏の始まりから冬の準備も少しずつ

ハウスから出て私たちは、葉ねぎの畑に向かった。青々と真っ直ぐにのびた葉ねぎが、ものの見事に整然と美しく並んでいる。この葉ねぎは来月から出荷する予定だ。

六月の上旬は、野菜の種類が充実している。春野菜のなごりと、夏野菜の走りが重なるからだ。十二月から追いかけていたスナップえんどうも収穫期を迎え、ふっくらとしたさやができていた。

中旬になると品目数は少々、寂しくなる。春キャベツやレタスなどの春野菜が終わり、なすやピーマン、きゅうりなどの夏野菜にはまだ早い。野菜の種類がどうしても足りないときは、葉ねぎも早めに出荷するという。

同じ畑では、冬に収穫するねぎの準備も始まっていた。初めて「There and There」に同行した十一月に見た冬ねぎたちだ。ポロねぎはまだマルチシートから葉をのばした状態だが、まもなくシートを外し、土寄せを始めるという。

十二月から出荷が始まる冬ねぎは、すでに土寄せが始まっていた。生育の後半以降も土寄せできるスペースを確保するため、初めの頃の土寄せは控えめだ。寄せるときは、一緒に周囲の雑草も抜いていく。

円形の葉が大きく広がる畑では、バターナッツとかぼちゃが育っていた。バターナッツはひょうたん形をしたかぼちゃの一種。かぼちゃは「ケイセブン」という長期貯蔵向きの品種だ。

かぼちゃは七月に収穫されるが、その時点では、まだ水っぽくおいしくはない。出荷は冷暗所に三カ月ほど貯蔵されてから。その間に水分が抜け、味がのってくる。

かぼちゃ畑で雑草を防ぐために植えられたカラス麦

丸い葉の陰で育っていたかぼちゃ。収穫は来月の予定だ

事務所に戻る途中、久松さんが車を止めた。四年ほど前に借りた土壌改良中の畑だった。

「諦めて放置してた時期もあるんですけど、今年はヒマワリを蒔いてみたんです。ヒマワリは土質の改善に役立つので」

ヒマワリはまだ膝の高さくらいだが、畑一面にその葉を広げていた。

渉さんが料理の準備を始めた頃、事務所近くの畑で栽培部門の飯沼さんがプラウを使い、草が生えた土を掘り返していた。五月に「Ｓｐｏｔ ａｎｄ Ｔａｂｌｅ」の会場になった場所だ。何を植えるかは、まだ決まっていない。

「見ていると気持ちがいいよね。土に返っていく感じが」

プラウの作業を見つめながら、久松さんがつぶやいた。

渉さんが収穫した6月の料理に使うミニトマト

六月の料理

・トマトとチキンのブレゼ
・冷製トマトそば
・ミニトマトのクラフティ

トマトとチキンのブレゼ

鶏肉にあっさり染み込む夏の酸味

今夏の久松農園の大玉トマトは、灌水して育てたこともあり、果肉がやわらかく、ジューシーだ。しかし、それだけに加熱し過ぎると、ぐずぐずに崩れ、水っぽいソースになってしまう。そこで、軽く火を通し、食感を残しながらトマトの果汁を生かすブレゼに仕上げた。

鶏もも肉だけでなく白レバーも使ったのは、味にアクセントを加えるためだ。鶏もも肉だけでは味が淡泊になってしまう。かといって牛肉などの赤身肉では煮込みが必要になり、冬の料理になってしまう。大玉トマトのフレッシュ感を生かしながら味にパンチを加えるには、トマトに含まれる鉄の味になじみ、ワイルドな血の味わいを持つ白レバーも加えたほうがいいと考えたのだ。

渉さんは加熱するとき、つねに「ストライクゾーン」を狙っ

煮上がりが遅い野菜ほど焼き時間を長めにする

ている。

食材に使う野菜も肉も、一期一会。渉さんも久松さんと同じく、「何をゴールに考えるか」を重視する。そのときにめぐり逢った食材をじっくりと観察し、ストライクゾーンを模索しながら、野菜の皮を残すか生かすか、どの形と大きさに切るか、火をどこまで入れるか、大胆に、ときに繊細に変えていく。

「トマトとチキンのブレゼ」も、そんな渉さんの食材への向き合い方と調理技術が隅々にまで行き届いた料理だ。

たとえば、鶏肉は焼き目をつけるときに一度、かたくなるが、その後、蒸し煮しているうちにやわらかくなる。そのベストのやわらかさを狙って加熱時間を調節している。また、野菜を焼くときは火の通りが遅い野菜ほどしっかり焼く。そして、蒸したときに仕上がるタイミングが同じになるように調整している。

「久松さんは野菜に味がのってきたおいしさをゴールに考えている。料理人である僕は、その一歩先にある、食べる人の口に入り、おいしく味わうまでをゴールと考え、プロセスを選択しているんです」

トマトが煮崩れ過ぎないように、火加減は弱めの中火にする

鶏もも肉は皮目に焼き色をつける

トマトとチキンのブレゼ

材料（4人分）

鶏もも肉（半分に切る）……2枚
鶏レバー（白レバー）……250g
大玉トマト（一口大に切る）……2個
ペコロス……4個
じゃがいも（キタアカリの中サイズ・半分に切る）……4個
モロッコいんげん（一口大に切る）……6本
にんにく……2片
白ワイン……50ml
オリーブオイル……大さじ1
塩……少々
黒こしょう……少々

作り方

① 鶏もも肉は塩、こしょうを振る。鶏レバーは血管を取りのぞき、食べやすい大きさに切る。牛乳（分量外）で洗い、水ですすぐ。
② フライパンにオリーブオイルを熱し、鶏もも肉の皮目を下にして、にんにくと一緒に中火で焼く。皮目に焼き色がついたら、鶏もも肉とにんにくを取り出す。
③ ②のフライパンにペコロスを入れて5分焼き、じゃがいもを加えて、5分ほど焼く。さらに鶏レバー、モロッコいんげんも順に入れて焼く。
④ ③に鶏もも肉の皮目を上にして戻し、白ワイン、トマト、塩、黒こしょうを加え、落とし蓋をする。弱めの中火で約20分、蒸し煮にする。

冷製トマトそば

ソースがつなぐマリネとそばの滋味

「Then and There」では、久松農園に着いてから、料理に使う野菜が変更されることも珍しくない。とくに野菜の生育が早く、日々、収穫状況が変わる夏は、メニューにも柔軟な発想が求められる。「冷製トマトそば」も、そんな「そのとき、その場所で」生まれた料理だ。

加熱用トマトの「すずこま」をスープにする予定だったが、収穫にはまだ早かった。そこで、渉さんは急きょ、「冷製トマトそば」に替えたのだ。

「イメージの基になったのは、そば粉のガレットです。久松農園の周囲には、そばを育てている畑がけっこうあります。茨城産のそばを使うのもいいな、と思ったんです」

大玉トマトとにんにく、オリーブオイルをミキサーで攪拌《かくはん》したソースに、ゆでて冷水で締めたそばを加えて和える。ミニト

ミニトマトや赤玉ねぎなどを塩でマリネする

マトと赤玉ねぎ、きゅうり、セロリを塩で軽くマリネし、具としてのせるという一品だ。

夏野菜をマリネしたのは、しんなりさせることで、そばにからみやすくなることと、口のなかでバラバラにならず、そばと一緒に食べやすくなるからだ。

やわらかな酸味のトマトソースとそばの滋味深さが組み合わされると、味にぐんと奥行きが出る。とろみのあるソースがそばにしっとりとからみ合い、口当たりがよく、つるりとしたのど越しだ。ソースのまろやかさをピッと締めてくれるのが、ほどよい塩気でマリネされた野菜たち。ほんの少しやわらかく、シャリッと歯切れのいいセロリときゅうりが、ときどき口のなかの食感を変えてくれる。

臨機応変にメニューを考える渉さんは、いったいどれくらいレシピをストックしているのだろう。

「さまざまなレストランで働いたり、ケータリングの経験が、どんな場でも料理が作れる力を鍛えてくれました。他のシェフの料理を食べたとき、味と食材の組み合わせは記憶しますけど、レシピの収集はあまりしません。自分なりに解釈して創るのが好きなんです」

大玉トマトにうまみがあるので、味つけは塩であっさりと

ゆでたそばをにんにく風味のトマトソースで和える

冷製トマトそば

材料（4人分）

そば（乾麺）……180g

［トマトソース］

大玉トマト（粗く刻む）……2個

にんにく（薄切り）……1/2片

オリーブオイル……小さじ1

塩……小さじ1/2

［具］

ミニトマト（4等分に切る）……6個

赤玉ねぎ（薄切り）……1/4個

きゅうり（縦半分を斜め薄切り）……1/2本

セロリ（薄い輪切り）……1/2本

塩……少々

仕上げ用オリーブオイル……適量

セロリの花（バジルなどのハーブでもよい）……適量

作り方

① ボウルに具の野菜を入れ、塩を加えてマリネする。

② トマトソースの材料をミキサーにかけて攪拌する。

③ そばをゆでてザルに上げ、冷水で冷やし、水けをきる。ボウルに入れ、②と和える。

④ ③を器に盛り、①を彩りよくのせて、仕上げ用オリーブオイルをまわしかけ、セロリの花を飾る。

ミニトマトのクラフティ

ふんわり生地が包む夏の珠玉デザート

「ミニトマトのクラフティ」は、生の種つきチェリーで作るフランス、リムーザン地方の伝統菓子「クラフティ・オ・スリーズ」を応用したデザートだ。

湯むきされたミニトマトが、はちみつを溶かし、バジルで香りづけされたシロップに浸されている。赤や黄色のミニトマトに糖分のつやが加わり、より鮮やかに見える。

「ミニトマトにははじけるような甘みと酸味があります。その味と生地とのバランスが取れるように、はちみつでマリネしました。バジルを加えたのは、生地よりもミニトマトを立たせたかったからです。」と渉さんは教えてくれた。

とくに今夏のミニトマトは、甘みの濃さが違う。その甘さを際立たせないのはもったいない。しかも収穫したての新鮮さから、湯むきしても形の張りが崩れない。

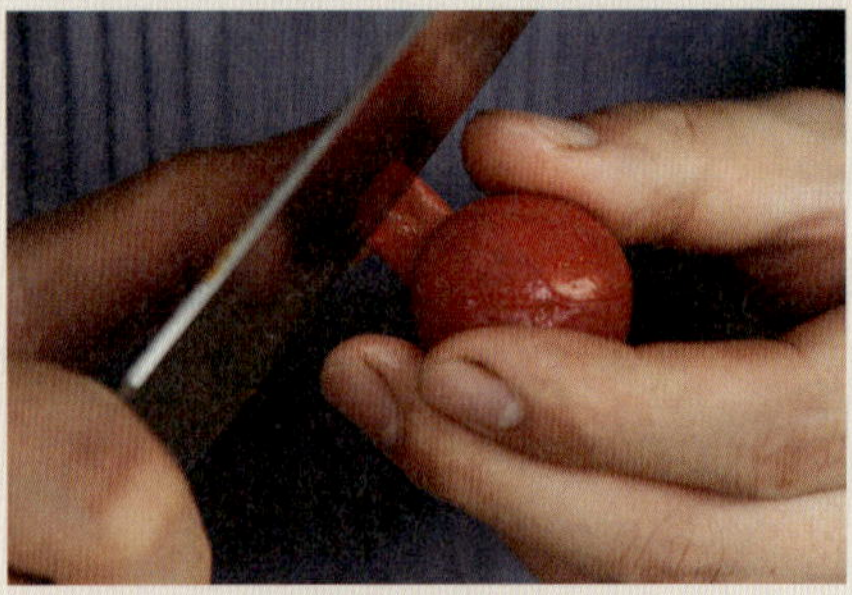

ミニトマトはシロップに漬ける前に湯むきする

食べてみると、外側は焼き菓子のふわっとした食感なのに、なかのほうはとろっとしたプリンのようなやわらかさだ。その生地を埋めるのはミニトマトの甘みと酸味。果物を使ったデザートに負けない力強さがある。

この味のバランスは、久松農園のミニトマトが甘みだけでなく、しっかりした酸味も持っているからこそ生まれている。甘いだけのミニトマトでは味がぼけてしまう。

作るときのポイントは、とろふわの生地に仕上げるため、液体生地の「アパレイユ」を混ぜ過ぎないこと。薄力粉の量は少ないが、混ぜ過ぎるとグルテンが作られ、粘りが出てしまう。

「焼き上がりはミニトマトもとろとろになっていて、ケーキサーバーで持ち上げるのがぎりぎりのやわらかさになります。熱々でもおいしいですし、冷やして食べるとまた違うおいしさが楽しめるデザートです」

フライパンに並べたミニトマトに生地を注ぎ入れる

湯むきしたミニトマトにはちみつのシロップをかけて漬ける

ミニトマトのクラフティ

材料（直径約20cmのスキレット1台分）

ミニトマト（皮に切り込みを入れてから湯むきする）
…… 480g （焼く型を埋める量で調整）

［シロップ］
湯……200ml
はちみつ……40g
バジルの葉……1枚

［アパレイユ（生地）］
卵……4個
砂糖……200g
塩……ひとつまみ
薄力粉……120g
無塩バター（溶かしバターにする）……30g
牛乳……400ml
生クリーム……100ml

作り方

① 湯にはちみつとバジルを入れ、はちみつをよく溶かし、シロップを作る。オーブンを200℃に予熱する。
② ボウルにミニトマトを入れて①をかける。ラップをシロップの表面に沿わせるようにかけ、30分以上漬ける。
③ 別のボウルに卵を割り、砂糖を加えて、泡立て器でよく混ぜる。塩を加えて薄力粉を振り入れ、さらに混ぜる。溶かしバターを加えて混ぜ、牛乳と生クリームを少しずつ加えて溶きのばす。
④ スキレットにバター（分量外）を塗り、薄力粉（分量外）を振る。②の水けをきり、スキレットの底に並べる。③をミニトマトの隙間を埋めるように注ぐ。
⑤ スキレットごと、200℃のオーブンに入れて約30分焼く。

七月　酷暑が襲う栽培作業と体の疲れ

消費者との顔が見える関係

「あま〜い」

背の高い葉にすっぽりと囲まれながら、久松さんの次女、みすずちゃんが採れたてのとうもろこしを、うれしそうにかじっている。みすずちゃんのあとをぴったりと追いかけているのは、渉さんと絵美奈さんの長女、りりぃちゃんだ。

七月の畑めぐりには、みすずちゃんとりりぃちゃんも同行することになった。

東日本の七月平均気温が過去最高を記録し、太陽が荒れ狂う酷暑となった二〇一八年の夏。テレビのニュースが連日、日中の外出を控えるようにとアナウンスするなか、「Then and There」は始まった。

久松農園に集合したのは朝七時。気温はすでに二七度を超えている。

栽培スタッフは朝五時から仕事を始め、終了の予定時刻は午後一時。一日の総労働時間はいつもと同じだが、暑さのせいで計画通りに進まず、苦労していた。

私たちもさすがにこの暑さでは出荷場を借りての調理は無理と判断し、料理撮影は後日、渉さんのアトリエで行うことに。今日は畑めぐりだけをお願いすることになった。

最初に向かったのは、とうもろこし畑だ。笹に似た細長い葉を大きく垂らし、空に向かって雄穂《ゆうすい》（雄花）をピンとのばしている。その下にわさわさと生い茂るのは、猛暑の影響で除草のタイミングを逸し、図らずも勢力を拡大させてしまうことになった雑草たちだ。

連日の暑さですっかりへたっていた私には、ふだんは大人しく人間に従っている植物たちが、ここぞとばかりに本来の生命力を鼓舞しているようにも見えた。

「畑に立っているだけで、けっこうしんどいでしょ？　朝から作業して『いやぁ、だいぶしんどいぞ』って時計を見ると、まだ八時だからね。スタッフには無理して午前中で上がってもらってるんだけど、作業も待ったなしだから」と久松さんが言う。

とうもろこし畑に植えられていた品種は、一つがスイートコーン。甘味種とも呼ばれ、私たちが「とうもろこし」と呼んでいるものだ。もう一つは、ポップコーン。爆裂種の別名の通り、お菓子のポップコーンに使われる品種だ。

　とうもろこしは、甘い野菜だけに虫に食われやすい。久松さんが「無農薬で作るなんて正気の沙汰じゃない」と自嘲するほどだ。

　虫のつきやすさは、栽培地の平均気温にも左右される。久松さんの友人農家は、冷涼な長野県の標高一〇〇〇メートルほどの畑で栽培している。そこでは収穫の際、畑で数本採り、簡単に虫の有無を確かめたあとは、茎の下を鎌で大量に刈り取り、コンテナに入れているという。

　しかし、久松農園ではそうはいかない。畑でとうもろこしを一本一本、先端を切ってなかを調べ、虫食いの穴が開いていれば、その場で捨てる。出荷場に持ち帰ってからも、もう一度、虫の有無や水分不足で粒にシワが寄っていないかなど、生育状態をチェックしてから出荷している。

　手間のかかる野菜だが、久松農園の出荷は七月から九月上旬まで途切れない。「夏にずっととうもろこしがあったら、お客さんが喜ぶ」からだ。

　とうもろこしの虫の話がきっかけになり、久松さんは有機農家と消費者との関係を話し始めた。有機栽培の野菜を求める消費者のなかには、農薬に不信感を持っている人も少なくない。しかし、消費者はどこまで正しく農薬の知識を持っているのか、と久松さんは問う。

　たとえば、今の除草剤は必ずしも散布した範囲にあるすべての草を枯らすわけではない。作物に影響を与えず、雑草だけを枯らす「選択制除草剤」という農薬もある。

　なぜ、選択制除草剤が作物に影響を与えにくいかといえば、除草剤のなかには、作物がその成分を酵素

とうもろこしの栽培に関して日米の違いまで話は広がる

の働きで影響のない化合物に分解できるのに対し、雑草にはそうした分解酵素がないことを利用したものがあるからだ。あるいは、除草剤が阻害作用を及ぼす酵素を雑草は持っているが、作物には存在しない特性を利用したタイプもある。また殺虫剤も同様に基本的には選択制の薬剤がある。

「今の農薬は開発から仕様まで緻密に設計されています。にもかかわらず、消費者はそのメリットを理解せず、ただ漠然と『怖い』と言うことが多い。そのイメージだけを根拠に、有機栽培の野菜を選んでいる消費者がほとんどなのではないでしょうか。ただ、消費者がそうなるのは仕方がない部分もあります。僕がむしろ気になるのは、栽培のプロである有機農家の側です。実際には怖いものではないことに目をつぶり、消費者の誤ったイメージに安易にのってビジネスをする有機農家に疑問を感じます。それが本当によき社会を築くことにつながるのかと」

久松さんが指摘する通り、消費者は「有機」や「オーガニック」の言葉に弱い。いまや食品だけでなく、日用品や化粧品、衣料品までオーガニックと名がつく商品が周囲にはあふれ返っている。

しかし、言葉は知っていても、有機栽培の野菜に対する消費者の理解が深まっているかといえば、「到底、そうは思えない」と久松さんは言う。

「『賢い消費者と共にありたい』『正しい社会でありたい』と有機農家が考えるのであれば、消費者に寄せたイメージで語るのではなく、科学的な根拠や栽培理論を前提に、消費者の理解を深めるロジカルな情報伝達が必要だと思う。そこは徹底的に議論すべきです」

久松さんは有機農家の立場から同業に向けての論を展開してくれたが、私は消費者にとっても大切な指摘だと感じた。

知識がない状態では、「有機栽培だから形が悪いのは当たり前」「虫がついているのは、農薬を使っていないから」で済ませてしまうかもしれない。

しかし、有機栽培への深い知識を消費者が持っていれば、野菜の見方は変わってくる。たとえば、前述の久松農園のとうもろこしだ。

どんな栽培を経て収穫されるのか、なぜ届いたとうもろこしの先端がカットされているのか、その背景が見えてくる。そして、価格の理由も理解した上で、購入するかどうかを判断できるようになる。手にした野菜への愛情も深まるだろう。

久松さんは自著のなかで、自分が考える「顔の見える関係」とは、「良くも悪くもモノの陰に人の顔が見えること」と語っていた。

私は「Ｔｈｅｎ ａｎｄ Ｔｈｅｒｅ」の取材を始める前にその一文を読んだとき、生産者の顔や畑だけをぼんやりとイメージしていた。誰が作っているのか、どう作っているのか、その人なりや作り方を知ればよいのではないかと。

しかし、久松さんが伝えたかったことはそうではなかった。生産者の姿だけでなく、畑に流れる時間も含めた野菜が持つ深い「物語」が見える関係のことなのだ。

決断を委ねる気持ちの間で

「この畑でキャベツを見るのは、初めてのような気がします」

真っ黒なポリフィルムのマルチシートが列に並ぶ畑を見て、渉さんがそう口にした。

ここは野菜を植え始めて三年目の畑。これまでは葉茎菜類を植えていたが、この秋はキャベツ畑になる。

キャベツの苗を植えるのはこれから。今は雑草が生えないように予防する段階だ。

久松農園で使われている雑草処理は、「太陽熱マルチ殺草処理」と呼ばれる方法だ。苗を植えつける前の一カ月ほどの間、黒いマルチシートをぴったりとかけることで太陽熱の温度を上げ、土の表面にある雑草の種を焼き殺す。雑草よりも早く野菜の苗が育つことになり、生育を助けることになる。

作業効率の面からも、太陽熱処理は大切なプロセスだ。

「うちの農園は農薬を使わないので、キャベツは苗を植えたら、すぐに防虫ネットをかける必要があります。ネットをかけた状態で草取りすることは現実的ではないので、苗の植えつけ前に殺草処理ができていることが必須です。太陽熱処理をすることで、素早く植えつけができる道具の利用も可能になります」

ぴったりと美しく張られたマルチシートを眺めていると、順調そうに見えるが、じつは猛暑で作業は難航していた。

マルチシートを張り、殺草処理をするには土壌が充分に水を蓄えている必要がある。水分が太陽熱を伝え、土中の温度を上げ、雑草の生長を抑えてくれるからだ。

本来、秋冬に収穫する作物のマルチ作業は降水量の多い梅雨を利用して、七月に行われる。例年であれば、茨城の梅雨の期間は六月十日から七月二十日頃。ところが、二〇一八年は、梅雨が六月二十九日に明けてしまった。

六月中旬こそ梅雨前線や台風の影響で雨の日が多かったが、下旬から七月以降は晴天が続いた。五月中

渉さんは久松さんから渡された、まだ青い加熱用トマトの味も確かめていた

旬から七月中旬までの降水量は、平年比の六七パーセントだった。

「梅雨の時期にマルチ作業ができないと、次に降る雨を待って作業するかどうかの判断が、非常に難しい。待ったあげくに降らなかったら、水分は少なくても早めにやっておいたほうが、植えつけによる収穫への影響を予測の範囲内で抑えられた、ということもあるからです」

久松農園では収穫から逆算し、品種の作型《さくがた》も考慮して、植えつけの時期が決まる。通年で多品目の野菜を揃え、端境期でも出荷に滞りが出ないように、やりくりしている久松農園にとって、収穫が前後することは、極力、避けたいことなのだ。

マルチシートを張ったあとも土が乾燥し過ぎていると、はがれやすいため、やり直すことがある。私たちが見せてもらった畑も、風でめくれてしまい、張り直したばかりだった。

しかも、張る時期が適切だったかどうかは、マルチシートをはがし、苗を植えつけたあとでないと分からない。雑草の種がどれくらい残ってしまったかは目視で確認できないため、作物が実際に育ってからの判断になるのだ。

今、久松さんは農園の一つの課題として、スタッフに現場の経験を多く積ませることを掲げている。これが、じつは出荷計画への影響以上に久松さんを悩ませていた。

「優秀なスタッフばかりなんですが、うちの農園での栽培経験はまだ浅い。マルチ問題のような難しい決断を迫られるのは、なかなか酷です。でも、その結果がどうであれ、僕は尊重しようと思っています。たとえ失敗しても、根拠をもって考えた末の判断だったということをきちんと評価して、次に生かすようにしてあげないと絶対に人は育たないからです」

薄黄色の花の下には、オクラの実ができている。夏の野菜の生長の早さが分かる

企業のトップとして、社員をどう育てていくか。農業の未来にも関わるだけに、久松さんは自分の気持ちと我慢の間で揺れ動く。

信頼して任されているとはいえ、スタッフは判断が正しかったかどうかに迷う。農業に真摯に取り組むスタッフたちだけに考え込むことも多い。

どこまで我慢して見守るか、アドバイスしたほうがいいのではないか、久松さんも思いをめぐらす。リーダーも孤独なのだ。

そんな久松さんの社長としての姿は、渉さんにとって、よき手本になっている。

渉さんは、二〇一五年から、惣菜店の「深沢キッチン」や毎月二十九日のみオープンするレストラン「Restaurant 29」、イベントを開催する「アトリエ CONVEY」もプロデュースしている。社員を抱える立場になり、マネージメントの難しさを痛感するようになったからだ。

「Then and There」の場でも、二人はチーム作りや人材育成の話をすることが増えてきた。

「つい耐えかねて、中途半端に手を出してしまうことも。スタッフとの関係においては、苦しむことも多いです。高校生の子どもを持つ親のような気持ちですね」と久松さんは言う。

夏の食卓をパワフルに彩る

午前九時前というのに、畑めぐりは気が遠くなりそうなほどの暑さになってきた。しかし、まだまだ見

腰をかがめ、オクラを収穫中の渉さん

猛暑のなか、葉陰で育つバターナッツ

加熱用トマトも今月は出荷に適した熟度に育っていた

灌水設備のある畑では、なすがみずみずしく育っていた

なければならない野菜が待っている。

まずは、かぼちゃ畑。その隣の畑ではバターナッツが育っている。雑草の葉が勢いよく茂り、何枚もめくらないと、かぼちゃの実が見つからないような状態だ。

「畝の間に蒔いた雑草対策の麦が完全に負けてますね。ここまで雑草がのびるのも珍しい」

草刈り機が畑に入れる段階で処理できなかったのも、猛暑の影響だ。作業の優先度からあとまわしになってしまった。

しかし、久松さんの口調は、マルチ問題ほど深刻には聞こえない。かぼちゃとバターナッツのできがいいことと、スタッフが「この雑草は許容範囲のうち」と判断したことも、尊重しているのだろう。

次は枝豆畑だ。久松農園では、茶豆系の品種「湯あがり娘」を育てている。香りがよく、甘みの強い品種だ。枝豆が夏中、食べられるようになったのは、ここ二十年ほどのこと。「湯あがり娘」がきっかけだった。

「それまで関東で食べられていた枝豆は、豆が白っぽく、うまみの薄い品種でした。味が濃い茶豆系の最盛期は九月。秋の品種だったんです。ところが、『湯あがり娘』が開発されたことで、枝豆の市場が一変した。夏用品種の開発が進み、多くの農家が栽培に取り組むようになったことで、夏中、いろいろな種類の枝豆が食べられるようになったんです」

そんな「湯あがり娘」はうまみがあり、コクもある。渉さんは「けっこう重みがある」とも。それが「湯あがり娘」のおいしさなのだ。

腰ほどの高さに育った枝豆の畝から収穫

先月はまだ収穫できなかった加熱用トマトの「すずこま」も、楕円形の実が真っ赤に熟していた。渉さんは今月、このトマトを使って、スモークの風味づけをしたスープを作るという。

初めて灌水設備を導入した畑では、なすとオクラ、果肉が厚めのベル型ピーマンや青唐辛子系の「伏見《ふしみ》甘長《あまなが》」が育っていた。

「この気象でも、なすのできは非常にいい。設備のおかげですね。栽培のアプローチとしては間違ってなかった」と久松さんは言う。

なすは「水で作る」と言われるほど水分が必要になる。水の供給が灌水で安定すれば、次に重要なのが肥料。久松農園では植えつけ前に元肥を施し、液体肥料による追肥もしている。使っている追肥は、油かすを発酵させたもの。その追肥がうまくいったのだそうだ。

スパイシーな香りに誘われて、万願寺唐辛子より小ぶりな「伏見甘長」をかじってみた。パリッと実が割れ、種は辛いが、果肉にそれほどの辛みは感じない。

「鼻に抜けるような香りがいいよね」

「茎の近くは辛い。種が多いからでしょうね」

二人の会話は「伏見甘長」をめぐって止まることがない。

オクラは、フヨウやハイビスカスなどと同じアオイ科の植物。薄黄の花がかわいらしい。灌水のおかげで、途中で間引きが必要になるほど、予測以上の収穫が得られているそうだ。

「植物が水をどう吸っているか、知っていますか？　葉から水分が蒸散すると、体のなかの圧が下がるので、しかたなく根から水分を吸っているんです。　蒸散する量は、なすの場合は一本で一日二・五リットル。オクラは、それより少し少ないくらいです」

なすやオクラは、それほど大量の水を必要とする野菜なのか。具体的な数字を知ると、灌水設備が夏はいかに頼りになるのかがよく分かる。

事務所に戻る途中、久松さんはスタッフの様子に気づき、草刈り機の使い方を指導していた

七月の料理

・フレッシュコーントルティーヤとババガヌーシュ
・夏野菜とエビのエスニックライス
・スモークトマトスープ

フレッシュコーントルティーヤとババガヌーシュ――

中東風なすペーストで味わうもっちりトルティーヤ

猛暑を避け、七月の料理は渉さんのアトリエで作られた。そのおかげで、これまでとひと味違う料理ができあがった。

一品目は、久松農園の採れたてのとうもろこしとなすがメインの料理だ。

カリッと表面を香ばしく焼いたトルティーヤに、むっちりとした食感もあるのは、生のとうもろこしを使っているから。コーンの甘みのなかに、うまみの芯がしっかり感じられる。粉から作ったトルティーヤでは、ここまでの香りとうまみは残らない。

「焼きとうもろこしの焦げた香りは、食欲をそそります。普通はコーンミールで作りますが、生コーンを使ったトルティーヤがあってもいいのでは、と気づいたのが、この料理の発端です。初めての挑戦でしたが、僕も驚くほどの力強い味になりました」

そして、トルティーヤの味の深さに負けず劣らず、しっかり

なすを焼くのは皮の焼けた香りとうまみをババガヌーシュに加えるため

した味わいを持つのが「ババガヌーシュ」。焼きなすのペーストだ。

弱火で焼いたなすに、にんにくとごまペーストの「タヒニ」、オリーブオイルなどをフードプロセッサーで攪拌する。柑橘系のような香りを加えてくれるのは、地中海沿岸料理に使われるスパイスの「スマック」だ。青みを帯びた香りとほのかな酸味を持ち、フムスによく使われている。

トルティーヤにババガヌーシュをたっぷりつけて食べると、クリーミーななすとごまの濃厚さに酸味も混じるスマックの香りが加わり、うまみがぐんと力強くなった。

「にんにくやクミンなどのスパイスをもっと効かせて、パンチのあるババガヌーシュに仕上げることもあります。でも、久松農園のなすには味がしっかりあるので、ソフトなトルティーヤに合わせて、まろやかに仕上げました」

なすのペースト料理は中東などに多いのかと思いきや、フレンチにもあるのだそうだ。「キャビア・ド・オーベルジーヌ」という、なすをキャビアに見立てた、まったりした味の料理だ。そんな話を渉さんに聞きながら食べていると、トルティーヤもババガヌーシュも瞬く間になくなってしまった。

生コーンのペーストに生地のまとまりを確かめながら粉を加えていく

トルティーヤはくっつきやすいので、オーブンシートで挟んでのばすとよい

フレッシュコーントルティーヤとババガヌーシュ

材料（4人分）

［トルティーヤ］
とうもろこし……2本分（240g）
薄力粉……140g
塩……小さじ1/2
打ち粉用強力粉……適量
オリーブオイル……適量

［ババガヌーシュ（なすのペースト）］
なす（ヘタを切る）……6本
オリーブオイル……小さじ1
にんにく（すりおろす）……1/2片
レモン汁……1/2個分
クミンパウダー……少々
タヒニ（ごまペースト）……小さじ2
仕上げ用オリーブオイル……適量
スマック（パプリカパウダーでもよい）……少々
モロヘイヤ……適量

作り方
① とうもろこしの皮をむき、ゆでる。包丁で実を芯から切り落とす。芯に残った実も包丁の背でこそげる。
② ①をフードプロセッサーにかけ、粗いペースト状にする。塩、薄力粉を加えて、まとめるように軽く練る。まとまらず練りにくいときは薄力粉を足す。ラップで包んで1時間ほど休ませる。
③ フライパンにオリーブオイルを熱し、なすを入れて蓋をして弱火で焼く。時々、蓋を開けてなすを転がし、触ってみて芯がやわらかくなるまで10分ほど焼く。取り出して粗熱を取り、輪切りにする。
④ ③とにんにく、レモン汁、クミンパウダー、タヒニをフードプロセッサーにかけて、ペースト状にする。器に盛り、オリーブオイルをまわしかけ、スマックを振る。
⑤ ②のラップを外し、打ち粉をしながら16等分にし、丸める。オーブンシートに挟み、トルティーヤプレス（または麺棒）で直径10㎝ほどの円形にのばす。
⑥ フライパンにオリーブオイルを多めに入れて熱し、⑤を中火で焼く。両面に焼き色をつける。
⑦ モロヘイヤを敷いた器に⑥を並べ、④のババガヌーシュを添える。

夏野菜とエビのエスニックライス

噛む楽しさが広がるピリリ甘辛丼

七月は食欲を刺激されるパワフルな料理が続く。「夏野菜のとエビのエスニックライス」は、ピリッとした辛みを持つ「伏見甘長」を唐辛子代わりに使い、エビや長なす、オクラ、ピーマン、ペコロスなどをナンプラー風味の甘辛に炒め、赤米入りの押し麦ご飯にたっぷりと添えた一品だ。

フレンチ出身の渉さんには、アメリカで出会ったメキシコやベトナム、タイなどの国際色豊かな味は新鮮だった。それらの味の記憶をたぐりながら、日本人としてのアレンジを加えて作ったという。

この料理の魅力は、なんといっても「伏見甘長」だ。渉さんはアメリカでメキシコ産の数多くの唐辛子を知り、料理に合わせて品種を替えたり、ブレンドしたりする使い方に興味を持った。「夏野菜とエビのエスニックライス」の「伏見甘長」にも

軽く塩もみすると簡単なあく抜きになり、煮崩れも防げる

その経験が生かされている。香りやうまみは油に移すことでさらに引き立てられ、辛みは味を引き締める存在として使われている。

「枝豆もぜひ使ってください。枝豆の野性的な青臭さは、タイやベトナム料理によく使われるハーブの香りを彷彿とさせてくれます」

渉さんは、簡単で煮崩れしにくいなすのあく抜き法も教えてくれた。食べやすい大きさに切ったあと、軽く塩をふり、一〇分ほど経ったら、つぶさないように軽く絞る。こうすると、水っぽくなることがない。また、加熱時になすが油を吸う量を減らすこともできる。

「油をたくさん吸うと、食べるときにじわーっと油分が口に残ってしまいます。ラタトゥイユを作るときにも使えるテクニックです。このエスニックライスには食感のバリエーションを広げるために、コリンキーとピーナッツも使いました。コリンキーも、なすと同じ方法で塩もみすれば、しんなりして食べやすくなりますよ」

オクラとピーマンは軽く火を通す

蒸れて水分が出ないように網の上で冷ます

夏野菜とエビのエスニックライス

材料（4人分）

エビ（殻をむき、背わたを取る）……16尾

伏見甘長（小口切り）……6本

長なす（縦半分に切り、食べやすい大きさに切る。塩を軽く振って10分置き、つぶさないように絞る）……2本

ペコロス（4つに切り、芯を取ってほぐす）……2個

オクラ（斜め半分に切る）……8本

ピーマン（種を取り、縦2〜3等分に切る）……6個

にんにく（皮をむき薄切り）……1片

しょうが（せん切り）……1片

塩……適量

米油……大さじ3

Ⓐ
- ナンプラー……50ml
- 酒……50ml
- 砂糖……小さじ1
- 水……50ml

ライム（4等分に切る）……1個

レモンバジル（バジルでもよい）……適量

コリンキー（皮をむいて薄切り。塩を振り、水けを軽く絞る）……適量

枝豆（ゆでて、さやと薄皮を取る）……適量

ピーナッツ（粗みじん切り）……適量

赤米入り押し麦ご飯……２合

作り方

① エビに塩を振る。強火で熱したフライパンに米油大さじ1を入れ、エビの両面を焼いて取り出す。焼いた香りをつけるためなので、完全に火を通さなくてよい。

② ①のフライパンを中火にし、米油大さじ２を入れ、伏見甘長、にんにく、しょうがを炒め、香りを油に移す。長なす、ペコロスを加えて炒める。火が通ったら、オクラ、ピーマンを加えてひと混ぜし、Ⓐを加えて、エビを戻す。混ぜながら、煮汁が全体になじみ、軽くとろみが出るまで煮る。

③ 赤米入り押し麦ご飯を皿に盛り、②を盛りつける。ライム、レモンバジル、コリンキーを添えて、枝豆とピーナッツを散らす。

スモークトマトスープ

いぶした香りがさわやかな夏のスープ

加熱用トマト「すずこま」も今月は盛りになっていた。そこで先月、作ることのできなかった「スモークトマトスープ」が、七月の料理に加わった。

深型のスキレットにりんごのスモークチップが敷き詰められている。渉さんはその上に網をかけ、縦半分に切った「すずこま」をのせ、蓋をしていぶし始めた。火加減はごく弱火。蓋のふちから煙が漏れ出ることもなく、蒸し焼きのようにも見えるが、これで充分、香りがつくのだそうだ。

「いぶした香りが加わると、スープを飲んだときに嗅覚が刺激され、味に深みが出ます。このスモーク法を覚えておくと便利ですよ。魚介やチーズケーキをいぶしてもおいしいので試してみてください」

トマトが香りづけされたら鍋に移し、木べらでつぶしながら

スモークチップの量はスキレットの底をおおうくらいが目安

煮ていく。たっぷりの赤い汁のなかに、少しつぶれたトマトが埋もれている。渉さんはさっと煮えたところで火を止めた。

トマトは加熱時間の長さに応じて味が重くなっていく。今日は短時間の加熱で軽く仕上げる。時間の長短で味の変化が分かるのは、生の加熱用トマトだからこそ。トマトの水煮缶では味わえない。

「ふつふつと沸騰してきたらOKです。煮込み過ぎないようにしてください。そうすれば、生クリームを加えても軽い仕上がりになり、すっきりしたあと味になります」

スモークの香りがほどよくのどを抜けていく。トマトの酸味も軽やかで、生クリームのコクがちょうどいい。玉ねぎなどの香味野菜を使わなくても、充分、深いうまみがある。

あと味はさわやかで、「もうひとすくい」とスプーンを運びたくなる。それが渉さんの狙った味だ。

香りは、おいしさを感じるための大切な要素。そのことを教えてくれる一品だ。

牛乳と生クリームを加えてからは、軽く沸騰させる程度に

いぶすときの火加減はごく弱火

スモークトマトスープ

材料（4人分）

加熱用トマト（縦半分にする）……14個（600g）
牛乳……200ml
生クリーム……100ml
塩……小さじ1

仕上げ用オリーブオイル……適量
飾り用バジルの花（バジルの葉や黒こしょうでもよい）……適宜

りんごのスモークチップ……60g（約20㎝の深めの蓋つきスキレットの底をおおう量）

作り方
① スキレットにスモークチップを敷き詰めて、網をのせ、トマトが重ならないように並べる。中火にかけ、蓋をして、約10分スモークする。
② トマトを鍋に移し、木べらなどでつぶしながら中火で煮る。ふつふつと煮立ったら、牛乳と生クリームを加え、軽く沸騰させる。
③ ②をミキサーで攪拌し、なめらかにする。塩で味をととのえる。
④ 器に盛り、オリーブオイル少々をまわしかけ、バジルの花を飾る。

八月　気温より先に野菜が伝える秋の兆し

生産性と味に関わる品種の特性

空が高くなってきた。

最高気温が三五度前後の日は八月も続き、まだ暑さは和らぎそうもなかったが、久松農園の空には秋の雲も漂い始めていた。

二〇一八年は台風の発生も記録的な年だった。八月十六日の「Then and There」の前週には、大型の台風十三号が関東を暴風域に巻き込んだ。

畑の作物が心配されたが、久松さんは、すぐにFacebookに「致命的なダメージにはなりませんでした。ネギがやられなかったのがありがたい。しばらくは傷物が多くなりますがご容赦ください！」と書き込み、周囲をほっとさせた。

夏と秋が少しずつ重なり始めた八月の「Then and There」は、ハーブ畑から始まった。十カ月通っても、久松農園には、まだ見ていない作物があるのだ。

渉さんは畑で乾燥させたコリアンダーシードを収穫

事務所近くの畑に植えられていたのは、青じそやスイートバジル、レモンバジルなど。小さい実と白い花を可憐に広げるコリアンダーもある。

「苦いですね。辛みもある」と渉さんが言ったのは、レモンバジルだ。それに応えて久松さんも「炒め物の最後に入れたいね」と話す。

興味深いのは、ホーリーバジルだ。レモンバジルに似た楕円形の葉だが、縁がノコギリの刃のようになっている。

「タイホーリーバジルとも呼びますね」と渉さんが教えてくれた。

ホーリーバジルはタイで「ガパオ」の別名も持つ。そう、あのガパオライスだ。タイ料理にはよく使われるのだという。

口に入れると、舌がしびれるような薬っぽい香りがする。インドの伝統医学、アーユルヴェーダの薬用植物として尊ばれてきたというのも納得の香りだ。

久松農園では、ホーリーバジルの種に海外産を使っている。久松さんは、海外と日本の種苗メーカーの違いを教えてくれた。

「家庭菜園用などで流通している安価な海外産の種は、同じ袋のなかに形質の違う種が混じっていることがけっこうあるんです。発芽率も七割などで、日本のものよりずっと低い。栽培者はバラッと蒔いて、いいものを選別しているのでしょう。だから、たっぷり数が入っている。種の出荷基準が日本と違うんですよ」

それに比べて、日本の種は発芽率がずっと高い。たとえば、種苗メーカーが八五パーセントの発芽率と記載している品種も、実際には一〇〇パーセント近く発芽するものが多いのだという。

また、日本では、プロ農家向けの種の品種改良には、栽培現場のニーズが色濃く反映される。たとえば、大量の出荷を安定的に安く求められるほうれん草の種には、病気に強く、連作に耐えられること、収穫や出荷作業がしやすいようにピンと立ち、茎がしっかりとしていることなどの特性が強く求められる。こうした形質が品種でカバーされていれば、人件費が抑えられ、栽培コストが下げられる。品種の特性は農家の生産性を左右する重要な構成要素なのだ。

ただし、栽培と収穫、出荷のしやすさが重視される一方で、味が置き去りにされがちなことは否めない。

久松さんが聞いた種苗技術者の話によれば、「収穫量を追うことと味を追うことは、基本的に相反する」らしい。

久松農園は、栽培と収穫の手間を考えつつも、味重視型だ。ほうれん草でいえば、「あまうまほうれん草」と呼ばれる品種「まほろば」を選んでいる。

収穫量が少ないため、ハーブの出荷先は限られている

「まほろば」は、うまみの濃さやえぐみなど、昔ながらの日本ほうれん草の味を持っているからだ。しかし、ピンと立たずに地面に這《は》いがちなため、収穫しにくい。

「大量栽培している農家が、うちの畑を見たら、これでは収穫できないと卒倒するかもしれません。『まほろば』の需要も圧倒的に多いのは家庭菜園。プロは一部です。大量生産地のニーズも分かるので、種苗メーカーが作業効率性を重視することは理解できます。でも、僕はそこに抗《あらが》いたい。ほうれん草でいえば、もっとえぐみがあるとか、クセのある味も求めていきたいんです」

栽培から考えるか、販売から見るか

今日の料理に使う野菜を収穫するため、畑をまわり始めてみると、野菜たちにも少しずつ季節が重なってきていた。

今が盛りと陽の光を楽しむように、のびのびと楕円形の葉を広げているのは、モロヘイヤ。

モロヘイヤは若い茎葉を食べる野菜だ。芽先から一五～二〇センチを刈り取り、やわらかい茎葉だけ収穫する。

すると、残った茎から分枝し、また新しい芽先が育つ。何度も刈り取れるが、一度の収穫量は限られる。

久松農園では多めに育てているものの、収穫効率のいい野菜ではない。しかし、暑さと乾燥には強い。

枝豆は、先月よりさやのふくらみが張って見える。「今年はできがいい」と久松さんはうれしそうだ。

今年の枝豆は、定植の方法を変えた。

去年までは畝に直接、種を蒔いていたが、今年は別の場所で苗まで育ててから植えつけた。理由は、直《じか》播《ま》きの場合、生育が雑草との競争になるため、途中で必ず除草作業が必要になる。除草後に虫除けネットをかけるが、そのタイミングではカメムシがつきやすい。

さらに、収穫を考えると、木は腰の高さくらいまでに抑えたいのだが、大きく育ち過ぎ、ネットのなかでうねるような形になってしまう。そうなると、生育に影響し、実にばらつきが出る。収穫もしにくい。

「今年の方法は定植前に苗を育てるという管理負担は発生しますが、雑草も虫も予防しやすい。カメムシは収穫のときにネットを開けただけで、わっと来るんです。苗から植えれば最初からネットがかけられるので、虫の害が極端に少ない。来年以降も苗で植えつけます」

久松農園の栽培方法の話を聞いていると、今年の栽培で何がよく、何がよくなかったか、来年はどういう手法を採用するか、課題を明確にしていることがよく分かる。

久松さんがしばしば口にする、計画立案から実行、行動の評価、評価から導き出した改善を、また計画につなげるＰＤＣＡのサイクルが徹底しているのだ。

灌漑設備が整ったピーマン畑では、先月も見せてもらったベル型ピーマン、万願寺唐辛子に似た「伏見甘長」に加え、赤唐辛子が育っていた。

ピーマンの品種をめぐっては、出荷場に戻ったときに久松さんと出荷の品

「伏見甘長」や赤唐辛子などが育つ畑

赤唐辛子も久松農園では栽培されている

目管理をしている松永さんとの間で、こんなやり取りがあった。

今年、ピーマンは大きいパプリカ系のもの、普通のピーマンサイズのベル型、「伏見甘長」の三品種を栽培した。

「伏見甘長」のできがよかったことから、久松さんは作業の効率化を考え、来年はパプリカ系と「伏見甘長」に品種を絞ってもいいのではないか、と松永さんに提案した。味の面でも、「伏見甘長」がベル型の代わりになると考えたからだ。

しかし、松永さんは難色を示した。一般家庭の契約者が考えるピーマンの代表といえば、ベル型だ。「伏見甘長」は、まだなじみが薄いのではないか。辛みもあることから、子どもがいる家庭では使いにくいのではないか、パプリカ系の収穫数がそれほど多くないため、出荷の品目数に影響が出るかもしれない、と松永さんは返答した。

久松さんは経営と栽培管理の立場から、松永さんは食べる側である契約者の視点から、それぞれの意見を交わす。栽培から販売まで、チームで取り組む久松農園の姿を見た場面だった。

今月、渉さんはバターナッツも使うという。先月、畑で見たバターナッツはすでに収穫され、かぼちゃと一緒に貯蔵用のビニールハウスに保管されていた。

ハウスに入ると、掘り出されたばかりの玉ねぎが天井からずらりとぶら下がっている。バターナッツとかぼちゃはコンテナのなか。じゃがいもの「レッドムーン」やにんにくもあった。

「外に比べてカラッとしているし、快適ですよね。ここの貯蔵野菜は、来年の三月まで出荷するものです。これから水分が抜けて、うまみがのってきます。玉ねぎはこうやって吊《つる》すのが一番いいんですよ。じゃがいもは収穫直後に陽に当たると青くなってしまいます。それが困るので今はおおいをかけていますが、本当は風通しをよくしたほうがいいんですよね」と久松さんは説明してくれた。

野菜の移り変わりを知ると、季節が早く過ぎていくような気がする。久松農園には人間が感じるよりずっと早く秋が来ていた。

変化を恐れない組織がパワーを生む

「Ｔｈｅｎ　ａｎｄ　Ｔｈｅｒｅ」取材時の久松農園には久松さんをトップに、栽培部門は飯沼学さんと野瀬建さんが、販売部門は十川英和さん、松永ゆかりさんが所属していた。その他に、他県から派遣される形で栽培を学びにきている研修生と出荷スタッフがいた。

久松さんは、このチームを「初めて戦略的に人材を選んで作った」と語っていた。社内のあり方にも、過去の経験にＰＤＣＡサイクルを当てはめ、熟考した結果だった。

栽培の現場を任されている飯沼さんと野瀬さんは、久松農園をどう見ているのだろう。

飯沼さんは、二〇一六年に野菜の栽培を単品に絞っている他の農業法人から転職した社員だ。前職がIT企業の社員だった野瀬さんは、二〇一八年一月に研修生として採用され、六月から社員となった。

まず私が質問したのは、多品目の野菜栽培にとまどいはなかったか、ということだ。

管理も作業工程も違う野菜を多数、栽培するのは、就農経験があっても迷うことがあるのではないだろうか。

「久松農園には、作つけ計画や作業計画表、作業記録など、計画と手順、過去の記録が文書化されています。マニュアル化され、必要な情報が取り出しやすいようになっているんです。それを予習・復習し、分から

玉ねぎを保管している貯蔵用ハウスは遮光されている

遮天井から玉ねぎがぶら下がり、コンテナにも貯蔵されていた

防虫ネットと遮光ネットがかけられたキャベツの畝

地熱の温度を抑えるために白いマルチシートがかけられている

ないことは久松さんに聞く流れができていたので、あまり困ったということはなかったです」と飯沼さんは言う。

久松さんは自著の『小さくて強い農業をつくる』で「農作業の言語化・数値化は、体で覚えるセンスのない自分が、苦肉の策として始めた」と書いている。

未経験で農業を始め、カンや経験に頼れなかったことから、久松さんはＰＤＣＡの手法で栽培の法則性を身につけ、データを可視化して積み重ねてきた。

その蓄積された「言語化された技術・技能」が、社員の働く場でも威力を発揮していた。久松さんが「高度な技術がなくても農業はできる」と言い切れる所以《ゆえん》だ。

野瀬さんは「僕は他業種からの転職ですが、農業はこういう世界なのか、というカルチャーショックはありませんでした。久松さんとはビジネスライクに話ができるんです。ミーティングも前職の会議とやり方は同じですね」と話す。

他の農家が久松農園を訪れ、全体ミーティングを見学したとき、その進行やディスカッションの内容に感心したことがあった。野瀬さんは、逆に「見学にきた方の農園は、久松さんのやり方と違うのか」と驚いたという。

また飯沼さんは、久松農園には、久松さんの「人脈」の魅力もあると話す。

実際に働き始めてから、飯沼さんはその人脈に何度も助けられた。久松さんは自身の農園と同様に、多品目の野菜を有機栽培している農家だけでなく、単品栽培に特化している慣行農家などともつながりがあ

かぼちゃやバターナッツを貯蔵するハウス

る。

たとえば、二〇一八年はにんじんの作つけ面積が一気に広がり、種をどう効率よく蒔くか、悩んだことがあった。久松さんも経験のない作業だ。そんなとき、にんじんを専門に栽培している慣行農家を久松さんに紹介してもらうことで、解決策を見つけることができたという。

飯沼さんは渉さんが関わる「Ｓｐｏｔ ａｎｄ Ｔａｂｌｅ」や「Ｔｈｅｎ ａｎｄ Ｔｈｅｒｅ」に対しても、栽培した野菜がアイデアあふれる料理に使われたり、それを食べる人の喜ぶ姿を見ることで、「すげー！」と素直に感動するという。

また、二人が口を揃えるのは、栽培から販売まで、トータルにチームで運営するスタイルが将来の糧になっていることだ。

販売部門の十川さんや松永さんから、顧客の反応がフィードバックされることで、目標とする栽培のクオリティや数量、収穫時期への理解が深まる。「久松農園で働く前の職場では、顧客からの反応が分からないまま栽培していました。だから、こんなにモノができているのになぜ出荷できないんだ、と思うこともあったんです。でも今は納得できます」と飯沼さんは言う。

野瀬さんは「孤独な作業にならないのもいい」とも。

新たに就農した若手のなかには、一人で栽培している人も少なくない。先輩農家から「話す相手がいなくてつらい」という話を聞くと、複数人で携わるメリットを感じるという。

先月、畑で見たかぼちゃも出荷を待つ。貯蔵中に味がのってくる

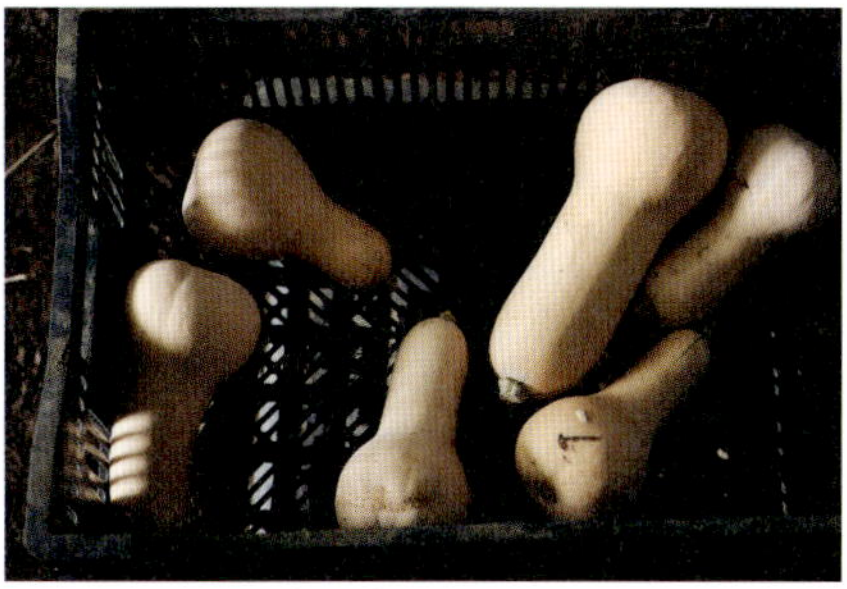

熟しておいしくなるのを待つバターナッツたち

一方で、チームで働くことの拘束感にたまに気づくこともある。たとえば、この夏だ。酷暑のなか、二人は朝五時から午後一時まで働いた。

もし、一人、あるいは夫婦だけの農家であれば、早朝と夕方に作業する働き方が自由にできたかもしれない。

「とはいえ、やっぱり仲間がいるのは心強いです。とくに僕は野瀬さんが入社してくれたことで、気軽に相談する相手ができた。多忙な久松さんに聞く前に、野瀬さんと解決の道を探る選択肢があるのは、ありがたい」と飯沼さんが言えば、野瀬さんも「人の話を聞くのが好きなので、久松さんや先輩たちの話から学ぶことは多い」と話す。

じつは飯沼さんは本書の取材後、二〇一九年一月末に久松農園を離れ、トマト農家を目指す道を歩み始めた。

久松さんは農園から飛び立ち、新たな夢に向かう後輩たちも力強く応援する。そして、久松農園の組織もフレキシブルに変わっていく。

その変化を恐れない姿勢が、久松農園のパワーの源にもなっているのだ。

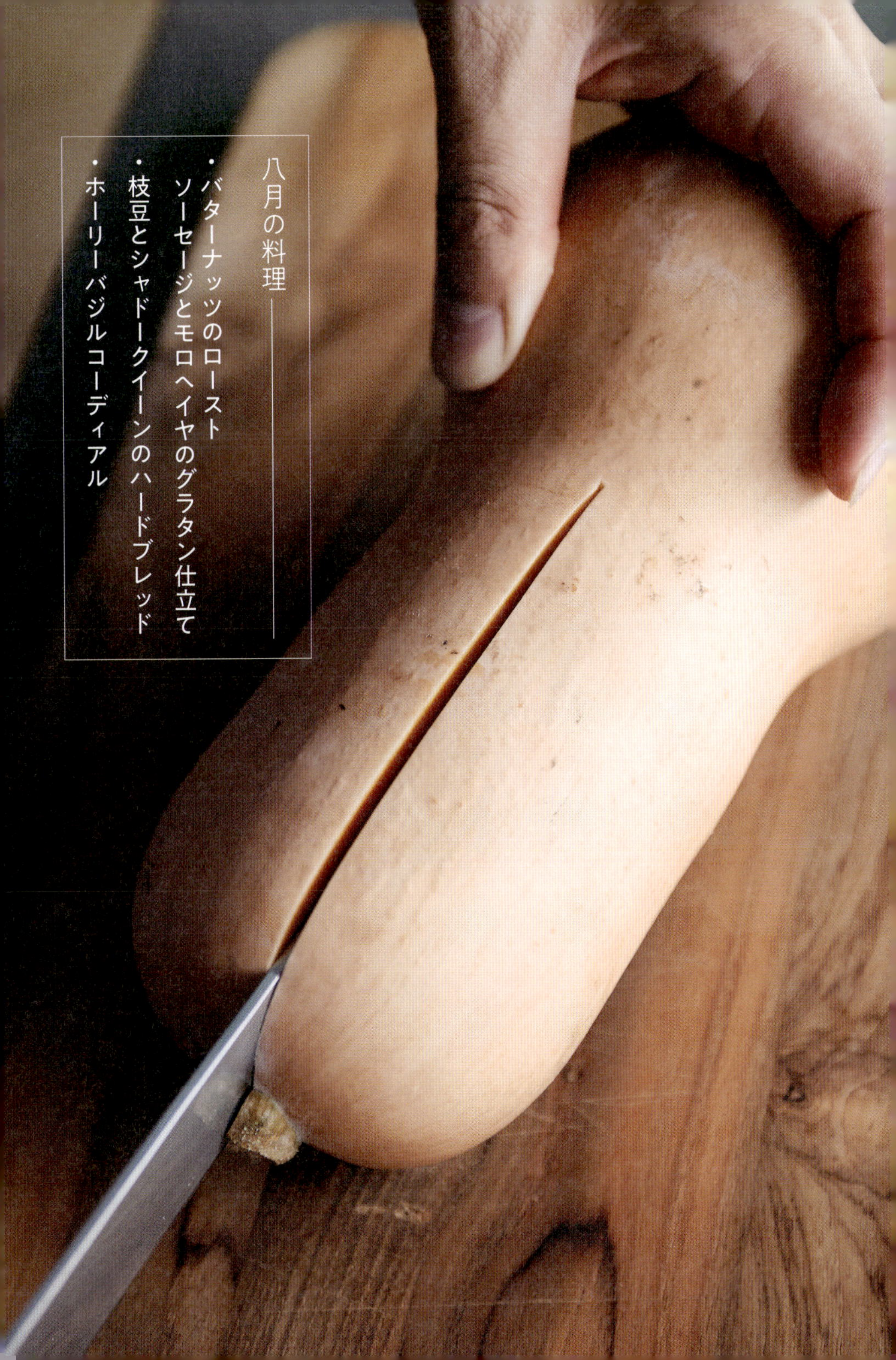

八月の料理

・バターナッツのロースト
ソーセージとモロヘイヤのグラタン仕立て
・枝豆とシャドークイーンのハードブレッド
・ホーリーバジルコーディアル

バターナッツのロースト　ソーセージとモロヘイヤのグラタン仕立て

ねっとりカボチャと夏の野菜を豪快に

八月の一品目は、じっくり焼く系のメニューだ。

バターナッツを縦に切ると、下のふくらみに種の部分がある。甘くねっとりとした食感で、ナッツのような風味があり、扁平《へんぺい》型のかぼちゃよりもきめが細かい。

ねっとりの度合いは貯蔵用ハウスでどれくらい保管されていたかによって違う。今日のバターナッツは、先月、収穫されたもの。採れたてよりはさらっとした感じが抜け、熟度が少しずつ増してきた印象がある。

「バターナッツは玉ねぎと炒めて生クリームを加えるだけでもおいしいスープになります。アメリカではオーブン焼きにしたり、カリカリに炒めることもあります。今日は形のユニークさを生かして、丸ごとオーブン焼きにしました」

味つけは塩とオリーブオイルのみ。先にダッチオーブンで

バターナッツの種は実の下部にある。スプーンでくりぬく

三〇分ほど蒸し焼きにする。

やわらかくなったバターナッツにのせる具は、オクラとモロヘイヤ、ピーマン。「伏見甘長」でピリッとした辛みも加えた、この時期らしい、夏のなごりと秋の始まりをミックスした組み合わせだ。

ポークソーセージを使ったのは、肉のうまみをバターナッツが吸うことで、質の違うまみが重なり合うから。仕上げにかけたパルメザンチーズがとろけ、香りと濃厚さをプラスしてくれる。

「具とバターナッツを一緒に混ぜて食べるのがおすすめです。バターナッツの肉質のきめ細かさ、オクラやモロヘイヤのねっとり感、ソーセージのジューシーさに、伏見甘長のピリ辛さが味を締めてくれます」

バターナッツを食べてみると、焼きいものようなほくほくした食感だ。蒸し焼きのおかげで、グリルするよりもでんぷん質が糖化され、甘みも強くなるのだという。そこにソーセージのうまみや「伏見甘長」のほどよい辛みなどが混じる。彩りのコントラストも秋の始まりらしい料理だった。

具のうまみをバターナッツに吸わせるようにのせる

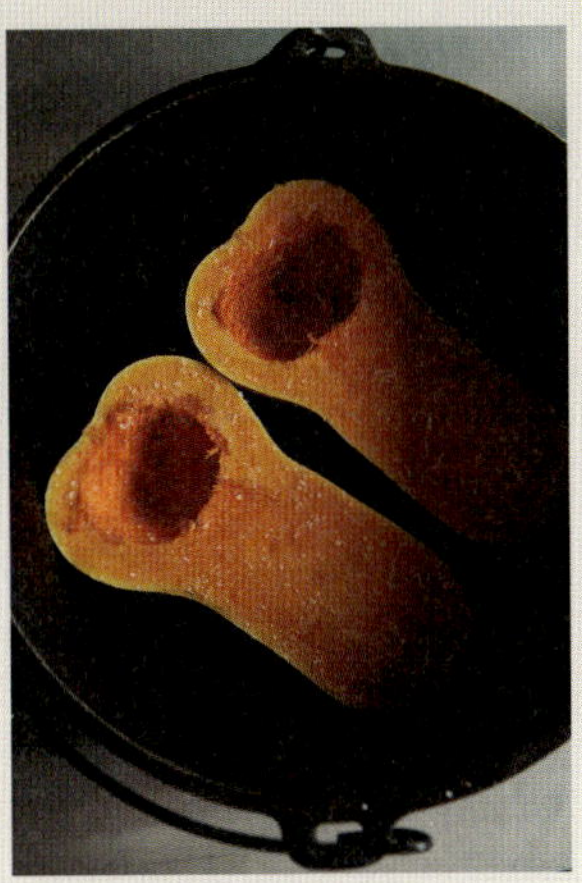
バターナッツに竹串がすっと通るまで蒸し焼きにする

バターナッツのロースト
ソーセージとモロヘイヤのグラタン仕立て

材料（4人分）

バターナッツ（縦2つに切り、種を取る）……1個
塩……ひとつまみ
オリーブオイル……大さじ1

〈具〉
ソーセージ（輪切り）……200g
オクラ（斜め薄切り）……4本
ピーマン（パプリカ系の大きめのもの・細切り）……1個
モロヘイヤ（ざく切り）……ひとつかみ
伏見甘長（小口切り）……2本
赤唐辛子（種を取り、小口切り）……1本
塩……ひとつまみ
オリーブオイル……大さじ1
パルメザンチーズ（削る）……適量

作り方

① バターナッツをダッチオーブンに入れ、塩、オリーブオイルをかけ、蓋をする。底と蓋の上に炭火を置き、バターナッツに竹串がすっと通るまで、約30分蒸し焼きにする（オーブンの場合は200℃で30分）。

② 具の材料を混ぜ、バターナッツにのせ、パルメザンチーズをかけ、再び蓋をして炭火を上下に置き、約15分焼く（オーブンの場合は200℃で15分）。

枝豆とシャドークイーンのハードブレッド

枝豆と紫いものうまみが詰まったハード系

「ダッチオーブンと炭火を使うなら、焦げ目がつくくらい焼いて、噛めば噛むほど粉の風味が楽しめるパンが向いています」

渉さんがこのハードブレッドに枝豆と紫いもの「シャドークイーン」を混ぜたのは、一品でブランチのようにも楽しめるようにしたかったからだ。

夏の暑さが残る出荷場での調理だったので、生地を発酵させるときの温度が高めだったことと、ダッチオーブンのサイズが小さく、焼き上がるまでの加熱時間が予想より長くなったことで、少し焦げ目が強く出てしまった。

しかし、焼けた豆餅のような香ばしさがあり、しっとりした紫いものやわらかな甘みがところどころ混じるのも楽しい。噛みしめていると、枝豆の香りも感じ、しみじみしたおいしさに、心がほっとする。

生地に混ぜる枝豆は半量を粗みじん切り、紫いもは角切りにする

「もう少し枝豆のグリーンがきれいに出るかと思ったのですが、ちょっと白っぽいですね。紫いもの色のほうが強く出てしまいました。もう少し研究します」と、渉さんは反省する。

しかし、こんな挑戦ができるのも、畑の野菜からヒントを得て、採れたてで料理を作る「Then and There」ならでは、だ。

渉さんはこのブレッドを考えるとき、「絵的な面白さも狙った」と言う。「CONVEY」のケータリングで登場する渉さんの料理には、見た瞬間、笑顔になるような盛りつけの工夫や思わず手に取りたくなる親しみやすさがある。

五月の「Spot and Table」でも畑を耕すイメージで作られた、グラスのなかで葉野菜をかき混ぜて食べるサラダがあった。「枝豆とシャドークイーンのハードブレッド」にも、そんな食べる楽しさを加えたかったのだろう。

「このハードブレッドは、ゆでたにんじんやビーツを混ぜても彩りがきれいだと思います。トマトとバジル、またはローズマリーと組み合わせてもおいしいですよ」

ダッチオーブンいっぱいにふくらみ、香ばしく焼けたブレッド

1次発酵が終わった生地に刻んだ枝豆と紫いもを混ぜ込む

枝豆とシャドークイーンのハードブレッド

材料

強力粉……500g

湯（約30℃）……380ml

ドライイースト……6g

塩……大さじ1と1/2

枝豆（ゆでてさやと薄皮を取る。半量は粗みじん切り）……120g

紫いも（シャドークイーン・ゆでて皮をむき、角切り）……230g

打ち粉、オリーブオイル……各適量

作り方

① 大きめのボウルに強力粉と塩を混ぜる。別の小さめのボウルで湯とドライイーストを混ぜて強力粉のボウルに加え、木べらで混ぜる。
② ざっとまとまったら、粉けがなくなるまで手で軽くこねる。ボウルの内側についた生地もカード（またはヘラ）でこそげ、生地に混ぜ、ひとまとまりにする。ボウルに布をかけて暖かいところに置き、生地が2倍ほどの大きさになるまで約30分発酵させる（1次発酵）。
③ 打ち粉をしたテーブルに、②をカードを使って取り出す。手のひらで生地を押してガスを抜く。
④ 生地に枝豆と紫いもを混ぜ込んでまとめ、打ち粉をした別のボウルに入れる。布をかけて暖かいところに置き、約30分発酵させる（2次発酵）。
⑤ 熱したダッチオーブンにオリーブオイルをハケで薄く塗り、④を入れて蓋をする。ダッチオーブンの上下に炭火を置き、45〜60分焼く（オーブンの場合は200℃で45〜60分）。
⑥ 全体に焼き色がついたら取り出し、網にのせて冷ます。

ホーリーバジルコーディアル

さわやかな香りをすっきり楽しむドリンク

「久松農園のハーブの旬は短く、すぐに終わってしまいます。せっかくの香りを少しでも長く楽しめるように、コーディアルにしてみました」

「コーディアル」は、もともとハーブをアルコールに漬けたドリンクを指す言葉だったが、今はハーブや果物を漬け込んだノンアルコール飲料を呼ぶことも多い。

渉さんはケータリングのときに、コーディアルをリフレッシュウォーターとして出すこともある。ハーブの香りがパーティの非日常感を演出してくれるからだ。

この日、渉さんが使ったのは、朝にハーブ畑で摘んだレモンバジルとホーリーバジル。畑で嗅いだときは「薬っぽい」と感じたホーリーバジルも煮出すことでクセがやわらぎ、すっきりした香りになる。

香りを楽しむドリンクなので、フレッシュな葉を使う

作るときは沸騰した湯にハーブを加え、しっかりと湯のなかに浸してから蓋をして火を止める。そのまま一〇分ほど蒸らして、ハーブの香りを湯に充分に浸透させる。ザルなどでこした抽出液に砂糖を加えれば、できあがりだ。

　飲むときは希釈する。この日はソーダ水で割ってみた。ハーブの香りがさらに強く鼻を刺激し、残暑を忘れさせるさわやかさが心地よい。

　このコーディアルは、カクテルベースとしても使える。甘いカクテルに向いているそうだ。

「ハーブを煮るときは、ホーローやステンレスの色移りしない鍋を使ってください。今日はハーブ畑にあったレモンバジルとホーリーバジルを使いましたが、ミントやローズマリーなどお好きなハーブで作っても、また違うコーディアルが楽しめますよ」

　保存の目安は冷蔵庫で約2週間。砂糖を減らすと香りが抜けやすく、保存期間も短くなってしまう。ハーブと同量の砂糖を使うことがポイントだ。

フライ返しなどで押さえながら、湯によく浸かるようにする

ハーブの抽出液をザルでこしながら、砂糖を入れたボウルに注ぐ

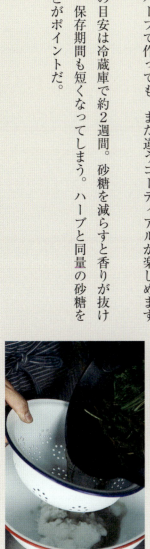

ホーリーバジルコーディアル

材料（作りやすい量）

バジル（レモンバジル、ホーリーバジルなど）……200g
砂糖……200g
水……400ml

ソーダ水、氷、飾り用ホーリーバジル……適量

作り方

① 沸騰した湯にバジルを入れ、湯のなかに浸かるようにフライ返しや箸などで押さえ、蓋をして火を止める。そのまま10分蒸らす。
② ボウルに砂糖を入れ、①をザルでこしながら加える。
③ 粗熱が取れたら、瓶などに移して冷蔵庫で冷やす。
④ 氷を入れたグラスに、③とソーダ水を1対3の割合で注ぎ、ホーリーバジルを飾る。

6

秋

Autumn

九月　小雨の秋に揺れ動く葉野菜と人育て

掘り出される小さな人気もの

前回から約一カ月半後となった九月の「Ｔｈｅｎ ａｎｄ Ｔｈｅｒｅ」。猛烈な暑さはさすがに落ち着いたが、今度は秋雨前線が停滞。雨や曇りの日が続き、二十七日も小雨がぱらついていた。

今月の料理の主役は、落花生。さっそく久松さんに落花生畑に連れていってもらった。

雨に濡れた畑に並んでいたのは、楕円形の葉の塊。畝に沿ってこんもりと盛り上がった塊が点々と並び、高さは大人の膝丈くらいある。

豆ができるまでの過程を知ると、なぜ「落花生」と呼ばれるのかがよく分かる。

久松農園の落花生は、「おおまさり」という品種。一般的な品種に比べ、約二倍の大きさを持ち、収穫量も一・五倍という超大粒の落花生だ。

久松さんが茎の間にぽつんと咲いていた、小さなくちなし色の花を指さしてくれた。

「この花が受粉しますよね。そのあと、枯れた花のつけ根から、子房柄《しぼうへい》という部分が下向きにのびて、土のなかに潜っていくんです」

そして三〜五センチの深さに達すると、子房柄の先がふくらみ始め、さやができ、そのなかで豆が育っ

ていく。落花生は、土のなかに潜らないとさやも豆も作ることができないのだ。

収穫は花が咲いてから、およそ三カ月後。久松農園では人の手で土のなかから掘り出す。

久松さんが掘るところを見せてくれた。地上に出ている茎をがしっとつかんでぐいぐいと引っ張る。埋まっていた茎と根がずるずると土から抜けてくるが、複雑にからみ合い、ずっしりと重そうだ。

抜いた茎と根をひっくり返すと、泥のついた乳白色の殻が鈴なりになっていた。

久松さんができを確かめながら、殻を茎からもぎ取った。一つひとつ茎から外す手元を渉さんがじっと見つめている。

殻をむくと現れたのは、乳白色の大粒の豆。そのまま食べたくなるくらいの丸みとふくよかさだ。

「落花生もあと二列採れば収穫も終わりです。量がある場合は機械を使うこともあります」

久松農園の生の落花生を塩ゆでし、初めて食べたときは衝撃だった。それまでに知っていた落花生と、

あまりにも味が違っていた。

何よりも甘みとうまみが濃い。食感もやわらかながら、ほどよい弾力があり、舌触りはなめらか。香りも、いったものよりやさしかった。

渉さんも、ゆで落花生はふにゃふにゃして味がないものと思い込んでいたが、久松農園の落花生を初めて食べたときは、「なんだ、これは!」と驚いたという。

茎から外された落花生は出荷場に持ち込まれ、泥を落とすために、水を流しながらブラシロールがまわる洗浄機のなかでぐるぐると水洗いされる。

なかなかお目にかかれない生の落花生。泥がすっかり落とされた一つを手のひらにのせてみた。久松さんたちに大切に育てられ、その手で掘り出され、きれいに洗ってもらった落花生は、ちょっとうれしそうに見えた。

収穫された落花生は出荷場のにんじん洗い機で泥を落とす

冬のうまみを作る葉野菜の蒔き時

先月まで人の腰の高さほどまで葉を広げる野菜が多かった久松農園の畑は、小松菜や水菜、サラダかぶなど、地面の近くに葉を広げる野菜が多くなり、落ち着いたたたずまいに変わっていた。

生育を追いかけていたキャベツも、虫除けネットのなかで結球が大きくなり、出荷が始まっている。

「このキャベツ、やさしい顔をしてるじゃないですか。これ、持ち上げると、やわらかいんです。見た目

の割にやさしい感じ」と、久松さんがネットを持ち上げ、キャベツを一個採り出した。

渉さんも「いいキャベツですね」と笑顔で葉に触れている。

小松菜の畑では葉と茎がたくましく、堂々としていた。「今年はスタッフが一つひとつの栽培管理を追求しているので、小松菜もかぶもかなりできがいい」と久松さんは満足げだ。

にんじん畑では、緑の華奢な葉が畝に広がっていた。その畝のなかには、葉の育ちが小さかったり、ところどころ列の途中に土が見えているところもある。何があったのだろう。

原因は空梅雨による水不足だった。「種も動かないほど、土に水がなかった」と久松さんは言う。

この畑に種が蒔かれたのは、七月末と八月の盆前の二回。そのうち、冬の収穫のメインになるのは八月に蒔かれた種のほうだ。一回目を七月末に蒔いたのは、少し早めの十月から収穫するためだった。

ところが、期待していたほど雨が降らない。結局、七月末に蒔いたものも、雨の恵みがあった八月蒔きと一緒のタイミングで発芽した。その発芽のバラつきが、このにんじん畑の姿につながっていた。

種から畑で育てる野菜の場合、種を蒔く時期は主に気温の条件で決まる。とくにこれからは、一日の平均気温が五度を下回る十二月半ばが重要だ。五

防虫ネットを押し返しそうなほど大きく育ったキャベツ

7月末の水不足の影響で、まばらに育っていたにんじん畑

度を下回ると、根菜も葉菜も生育が止まってしまう。

久松農園のあたりでは、毎年、早い年で十二月五日、遅くても十五日には平均気温が五度を下まわる。

成長が止まるほぼ十日間を基準に、その品種の播種《はしゅ》から収穫までの生育期間を逆算する。すると、種を蒔かなければならない時期は、おのずと決まってくる。

「にんじんは生育期間が百二十日だから、播種もワンチャンス。水が足りないのが分かっていても蒔くしかない。それで、この畑は発芽にバラつきが出たんです」

平均気温が五度以下になる日は、ほうれん草や小松菜などの葉野菜の播種にも影響する。

九月に蒔くものは一カ月ほどで収穫できるが、そのままにしていると、どんどん大きくなってしまう。ちょうどいい大きさに育ってからの収穫期間は二週間ほどだ。そのため九月は、収穫しきれる量しか蒔かない。

葉野菜の播種から収穫までの時期は、秋が深まるに従って長くなっていく。

久松さんが「秋の一日は一週間」という言葉を教えてくれた。

「蒔く時期が遅くなればなるほど、生育がゆっくりになり、十二月半ばを過ぎると、いったん生育が止まる。そこからは、もう畑に置いておけます。その生長が止まる時期を見越して、秋は後半になるほど、一回に蒔く種の量を

しっかりした茎にも力強さを感じる

小松菜の畝。葉の広がり方がたくましい

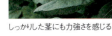

増やしていきます。たとえば、十月末に蒔くものは年明けの二月に収穫するので、一回のロットが九月の三倍くらいの量になります」

私は「Then and There」の取材を始めた頃にめぐった晩秋から冬の畑を思い出した。寒風に耐えながら、うまみを増していった葉野菜たち。あのしみじみしたおいしさは、種を蒔く時期から作られていたのだ。

年を越す野菜の栽培で難しいのは、生育が止まる日がいつなのか見極めることだ。

「ある日を境に、ものの見事に生育が止まるんです。蒔く日をさかのぼってみると、ある日以降に蒔いたものから、畑にずっと置いておける状態になる。でも、その日より前に蒔いたものは、年内に採りきれないくらい大きくなることがあるんです」

野菜の気温センサーは、なんと正確なのだろう。

このセンサーが、久松さんたちには困った事態を引き起こすこともある。暖冬になったときだ。秋の平均気温が高めに推移すると、年明けの収穫を想定したものが前倒しで育ってしまい、出荷しきれないほどの量が年内にできてしまう。その分、年明けの出荷調整が難しくなる。次の収穫までの間隔が開き過ぎてしまうからだ。出荷できるものが育つまで一カ月半以上待つこともあるという。

「天気を見極めながら蒔く日を決めるのは、露地栽培の腕の見せどころなんです」

三点の違いにこだわるために

九月の畑では、もう一つ、野菜と栽培の駆け引きを見ることになった。

「これ、ちょっと面白い。この大根が少し曲がっているのが分かります?」と久松さんが指さした。

虫除けのネットがかけられた「関白」という品種の大根だ。葉が大きく育つ特徴がある。

「大根の葉先がネットに当たっていますよね。この接触が大根にはストレスなんです。触られたくないので、体内で植物ホルモンを分泌させて体を曲げ、触れないようにしようとする。接触屈性と呼ばれる性質です」

植物は移動できないため、周囲の環境に巧みに適応して生きている。光や重力など環境が変化すると、体内で植物ホルモンを分泌させ、複雑な生育調整を行うのだ。

しかし、久松さんたちにとって、大根が曲がるのは好ましくない。となると、ネットを外さざるを得なくなる。

「虫から守りたいので、あと十日くらいははがしたくないんです。でも、これ以上、放っておくと見栄えが悪くなってしまう。ここまできたら、もう栽培スタッフにはがすように指示します」

久松さんは大根の畝を見つめながら、こうも話した。「なぜネットを外す作業が必要なのか、その意味をスタッフが理解し、自発的に行動に移せるようになるまでには時間がかかる。大変なんですよ」と。

今の栽培スタッフは、分からないことにぶつかると、徹底的に調べようとする熱意がある。久松さんも、単に「触ると曲がる」と曖昧な説明で済ませるのでなく、「植物ホルモンが作用して」と仕組みを説明する。すると、スタッフたちも、具体的に何の植物ホルモンが関係するのか、それがどう遺伝子発現に作用して曲がるのか、参考書で勉強している。

人材育成には環境を整えることが必要だ。参考書が揃っていたり、疑問を感じたときに的確に回答してくれる人が身近にいるかどうかは、意欲の維持や成長のスピードに関わる。

久松さんは、そうした環境を整え、彼らの成長につながる勉強会があれば、平日でも可能な限り、時間をやりくりしながら快く送り出している。時には他の農家への農業研修に、共に出かけることもある。

また彼らの勉強時間の確保も大切にしている。久松農園が週休二日制を徹底し、一日の労働時間にも厳しいのは、ワークライフバランスを考え、自主的に学ぶ時間も確保してほしいからだ。

「うちは儲かりはしないけど、いい人材が育っていると思う。その人のよさを生かしたいんですよね」と久松さんの言葉にも熱がこもる。ただ、今日の久松さんは雨のせいか、迷いも口にする。

優秀な若手農業人ほど、独立して自分で農園を持ちたいという目標を持っていることが多い。久松さんに憧れて門を叩く人であれば、なおのこと、その思いが強い。だからこそ、久松農園で働く間も、貪欲に勉強しようとする。

久松さんは同じ農業人の一人として、その夢を応援したい。そのために、時には厳しいアドバイスもあ

えて行う。
一方で、久松農園の社長としては「優秀なスタッフが農園に定着してくれれば」とも思う。そして、そのためには給与を確保し、昇給が可能な収益を上げていくという経営の課題がつねにつきまとう。
「野菜の完成度に九十七点と九十四点のものがあったとします。僕にとっては、その三点の違いが大きいんです。三点にこだわり続けないと、簡単に、どこかの下請けになるとか、日和《ひよ》ることになりかねない。でも、そのこだわりを一人でやっているときと、五人でやっているときとでは、経営の仕方は違ってきます。僕が自分のこだわりをとことんまで追求すれば、一人でしかできない農業になる。でも、それでは偏屈なじいさんになってしまう。チームで取り組む栽培にこだわりたいのは、そこに対する抵抗があるんでしょうね」
そんな久松さんの言葉を聞きながら、今日の畑めぐりは終了したが、その後、思いがけなく「Spot and Table」の準備の様子を見せてもらうことができた。久松農園から車で一〇分ほどのスーパーにある「地酒専門リカーショップサトウ」の佐藤栄介さんに次回の酒の相談をするという。「Spot and Table」を始めたばかりの頃は渉さんが酒を選んでいたが、「地酒専門リカーショップサトウ」を知ってからは、佐藤さんにアドバイスを求めるようになった。「地酒専門リカーショップサトウ」は茨城県の地酒だけでなく、地方の酒蔵の日本酒や焼酎も数多く扱っている。跡継ぎの佐藤さんが実家に戻ったことを機に、取り扱う酒の種類が大きく変わったのだそうだ。今では販売店が限られた希少銘柄もある。五月の「Spot and Table」で振る舞われた今村ことよさんのワインも佐藤さんからの紹介だった。

佐藤さんは渉さんと絵美奈さんに「鹿児島酒造」「やきいも黒瀬」を薦めた。焼きいもを使うことで蒸しいもを使った焼酎より香りが高く、甘みもある人気の焼酎だ。佐藤さんは「焼き鳥のように油分の多い食べ物を『やきいも黒瀬』のお湯割りで油分を流す考え方もあるし、さつま揚げの甘みを口のなかで焼酎の甘みと合わせる考え方もある」と話す。

それを聞いた渉さんは「逆に言えば自由。発想次第で新しい味になりそうですね。日本酒も焼酎もじつはストライクゾーンが広いんですよね」と答えた。牛乳やジンジャエールで割るのはどうか、デザートワインに使ってみてはどうか、と三人のアイデアは尽きない。

どんな料理が焼酎と組み合わされ、新しい味が見出されていくのだろう。十二月の「Spot and Table」は、五月とはまた違った味の饗宴が繰り広げられることになりそうだ。

「12月は温めて飲むのもいい」と次々とアイデアが出てくる

九月の料理

- 落花生ミックスのビーフロールグリル
- フレッシュ落花生とサンマのクスクスパエリヤ
- ホームメイド落花生クリームと抹茶パンケーキ

落花生ミックスのビーフロールグリル

牛肉で落花生を巻く豪快グリル料理

「フレッシュな生の落花生は、いい意味でも悪い意味でもやさしい。味を邪魔しない代わりに主張もしない」と渉さんは言う。そんな生の落花生をたっぷり使ったのが、「落花生ミックスのビーフロールグリル」だ。

この料理はイタリア料理の「ポルケッタ」がヒントになっている。豚バラ肉でハーブやにんにくを巻き、オーブンに入れたり、回転させながらグリルで焼く、アリッチャという町の郷土料理だ。

肉で生の落花生を巻き、加熱すると蒸し煮されたような状態になる。渉さんは、その少しねっとり感もあるほっこりした味が面白いのではないかと考えたそうだ。

この料理では落花生を粗みじん切りにし、パンチェッタやにんにく、「伏見甘長」と炒めてフィリングを作る。牛もも肉は

叩いてのばした肉で落花生などの具を巻いていく

切り込みを入れて開き、軽く叩いて平らにする。そして、下味をつけた牛もも肉で、落花生のフィリングを巻き込んでいく。

牛もも肉をたこ糸で縛り、竹串を刺した形は、「これぞ肉料理」と言いたくなるような豪快さだ。

渉さんは炭火をおこしたバーベキューコンロの上で、時折、トングを使い、肉に火が当たる部分を替えながら、強火で表面を焼いていく。

「牛もも肉は脂の少ない部位ですが、落花生とパンチェッタ、チーズが油脂分を補ってくれます」

表面に軽く焦げ目がついたら、竹串と竹串の間を切り離し、輪切りの状態にする。そして、中火で渦巻きの断面も一五分ほど焼くと完成だ。

赤身肉のうまみに落花生の香ばしさが加わり、想像していたよりも重くない。落花生と肉の食感が違うのも嚙みごたえの幅を広げてくれる。

「渦巻き状に包むことで肉汁がなかに閉じ込められますし、落花生やパンチェッタの香りやうまみも肉にまんべんなく行き渡るようになります。チーズが肉と落花生のちょうどいいつなぎ役にもなっているんです」

竹串を刺して表面を焼き、その後、輪切りにしてさらに焼く

竹串の間で切り離し、断面を焼く

落花生ミックスのビーフロールグリル

材料（8人分）

牛もも肉（塊）……1.4kg
下味用塩……少々
下味用黒こしょう……少々
パンチェッタ（みじん切り）……70g
オリーブオイル……大さじ1
生落花生（粗みじん切り）……160g
伏見甘長（小口切り）……6本
にんにく（みじん切り）……1片

ブリーチーズ（3枚に薄切り）……60g
パン粉……1/2カップ
粒マスタード……大さじ1
塩……少々
黒こしょう……少々
オリーブオイル……適量

かぶ（縦4つに切る）……2個

作り方

① 鍋にパンチェッタ、オリーブオイル大さじ1を入れて中火にかけ、パンチェッタから脂を出すように炒める。
② 伏見甘長、落花生、にんにくを加えて炒める。にんにくの香りが立ち、落花生が色づいてきたら、パン粉と粒マスタードを加えて混ぜる。ボウルに移して粗熱を取る。
③ 牛もも肉に切り込みを入れて開き、軽く叩いて平らにする。塩、黒こしょうを振り、②とブリーチーズを中央に広げる。肉を端から巻き、たこ糸で縛る。竹串を均等に4本刺す。
④ ③の表面に塩、黒こしょうを振り、オリーブオイルをまんべんなくハケで塗る。
⑤ バーベキュー用コンロの上に（またはコンロに網をのせて）④を置き、強火で焼き色がつくまで表面を焼く。
⑥ 串と串の間を輪切りにし、断面に塩、黒こしょうを振り、オリーブオイルを塗る。断面を下にしてバーベキュー用コンロにのせ、中火で片面を約15分ずつ焼く。塩を振り、オリーブオイルを塗ったかぶも、肉の横で軽く焼き色がつくまで焼く。

フレッシュ落花生とサンマのクスクスパエリヤ――

素材のうまみが重なる秋のごちそう

スペイン料理の「パエリヤ」も、渉さんの手にかかると、どこか和の雰囲気が漂うようになる。味が軽やかで、やわらかなうまみを感じるせいだろうか。

「このパエリヤはサンマや小イカ、落花生、舞茸などの食材のうまみに加え、サンマと落花生、オリーブオイルと質の違う油を重ねることで、複雑な味が生まれるようにしました」

うまみを引き出すコツは、まずサンマと小イカを色づくまで焼き、いったん取り出す。そのあとに舞茸や玉ねぎなどの野菜を重ならないように焼いていく。

短時間で作れるパエリヤだが、それぞれを丁寧に焼くことが、食べたときのおいしさにつながる。落花生を焼いたのも、いった香りを加えるためだ。

久松農園の濃厚なトマトジュースを使っていることも、味に

サンマと小イカを焼いて取り出し、舞茸や落花生を加えて炒め合わせる

奥行きを生み出している。

「魚介類やきのこ、野菜類の煮汁から出たおいしさは、クスクスがしっかり受け止めてくれます。あらかじめお湯で戻す必要がなく、そのまま加えられますし、煮込む時間の短縮にもなるので、パエリヤにクスクスは便利ですよ」

小イカを使ったのは、クスクスとのバランスを考えてのこと。サイズの大きいスルメイカなどでは、粒が小さいクスクスとの食感がアンバランスになってしまう。

「仕上げにはサンマとの相性を考えて、すだちを使いました」

食べてみると、具材のうまみをたっぷり含んだクスクスに時々、落花生のカリッとした食感が混じり、香ばしさが口のなかに広がる。トマトジュースの酸味とすだちの香りもさわやかだ。

サンマと小イカ、舞茸など、それぞれの味わいもバラエティ豊か。食べ続けるのが楽しくなるパエリアなのだ。

クスクスを使うと調理時間が短くなり、具のうまみも吸ってくれる

とろりと濃厚な久松農園のトマトジュースが味に深みを出している

フレッシュ落花生とサンマのクスクスパエリヤ

材料（6人分）

生落花生（ゆでて殻と薄皮を取る）……50g
サンマ……3尾
小イカ……250g
クスクス……500g
舞茸（手でほぐす）……100g
小松菜（ざく切り）……1株
玉ねぎ（みじん切り）……1個
にんにく（みじん切り）……1片

Ⓐ
白ワイン……50ml
久松農園のトマトジュース……200ml
水……550ml
サフラン……ひとつまみ

塩……少々
黒こしょう……少々
オリーブオイル……大さじ2

すだち（横半分に切る）……3個

作り方

① サンマは3枚におろし、小骨を抜いて半分に切り、塩、黒こしょうを振る。小イカはクチバシ、軟骨、目玉を取りのぞき、塩、黒こしょうを振る。
② 熱したパエリアパンにオリーブオイル大さじ1を引く。サンマの皮目を下にして強火で焼き、ひっくり返して、すぐに取り出す。小イカも両面が色づくように焼いて取り出す。
③ ②のパエリアパンを中火にし、オリーブオイル大さじ1を入れ、舞茸、玉ねぎ、にんにくを重ならないように並べて炒める。
④ 落花生を加えて全部を混ぜて炒める。落花生が色づいたら、Ⓐを加えて沸騰させる。小松菜を加え、塩で味をととのえる。
⑤ 小イカを戻し、クスクスをまんべんなく振り入れてざっと混ぜ、サンマの皮目を上にして並べて蓋をする。火を止めて約5分蒸らす。
⑥ 蓋を取り、すだちをバランスよく飾る。

ホームメイド落花生クリームと抹茶パンケーキ――

ほろ苦さと溶け合うしっとりクリーム

生の落花生を手に入れたら、ぜひ試してほしいのが自家製のピーナッツクリームだ。香り高い、しっとりした絶品のクリームができあがる。

「生落花生を使うと、色が白っぽくなるのも特徴の一つです。コクがあるので、リッチなピーナッツクリームができあがります」

やわらかくゆでた落花生をフードプロセッサーに入れ、渉さんが加えたのは、生クリームと砂糖。時間をかけ過ぎると生クリームが分離し、ボソボソした舌触りになるので、様子を見ながら撹拌する。

自家製の落花生クリームに合わせるのは、抹茶のパンケーキだ。

「生落花生には豆が持つ青臭さがあり、抹茶にもほろ苦さからくる青い香りがあります。この二つの香りを重ねてみました」

使った抹茶は京都・宇治の「堀井七茗茶」のもの。室町時

生の落花生で作ったクリームは白っぽくなる

代から続く宇治最古の茶園だ。

渉さんはここ数年、日本の食に高い関心を持つ海外からのツーリストを知る人ぞ知る生産者の元へ案内し、国や言葉の壁を越えて交流を図る「フーディーズツアー」にも関わっている。料理人としての視点から、その生産者がなぜ素晴らしいのか、何が特徴なのかを伝えるのが役目だ。「堀井七茗茶」は、そのツアーを機に知ったという。

そんな香り高い抹茶を使ったパンケーキの生地は、ふわふわの食感に仕上げるため、薄力粉をまとまるぎりぎりの分量まで抑えている。

焼き立てを食べてみた。落花生クリームのやさしい甘さがぴったりと寄り添い、抹茶のほろ苦さをかすかに感じるこれくらい軽いパンケーキだと、市販のピーナッツクリームでは、クリームのほうが勝ってしまうだろう。それでいて、充分な満足感があり、シロップやフルーツなど他の甘みの必要性は感じない。

生の落花生のうまみと香りの底力が分かるデザートだ。

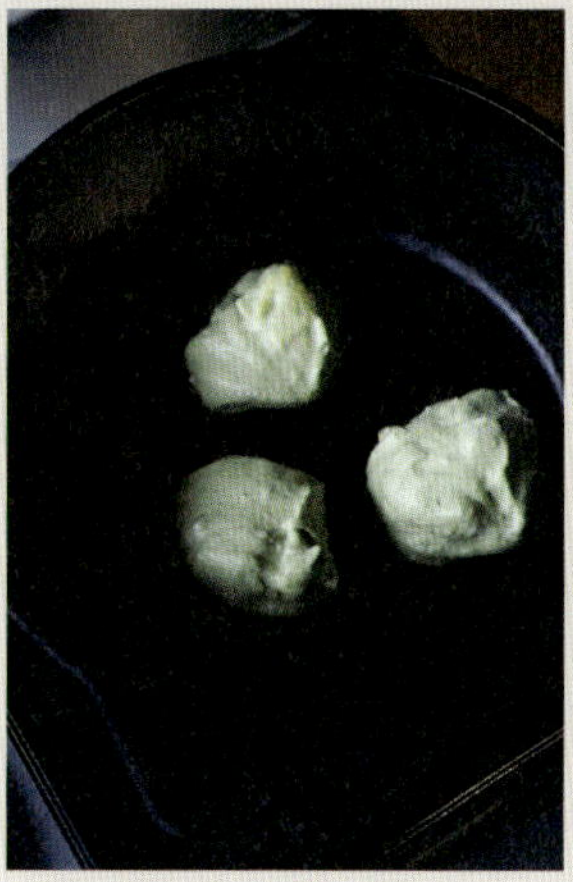

ふくらむ間隔を開けて生地を落とす

ふるった粉類に抹茶をふるい入れる

ホームメイド落花生クリームと抹茶パンケーキ

材料（6個分）

薄力粉……30g
ベーキングパウダー……2g
抹茶……2g
卵（黄身と白身を分ける）……2個
牛乳……20ml
グラニュー糖……20g
油……適量

〈落花生クリーム〉
生落花生（ゆでて殻と薄皮を取る）……140g
生クリーム……100ml
砂糖……30g

飾り用生落花生（やわらかく塩ゆでし、殻とうす皮を取る）……少々
飾り用抹茶……少々

作り方

① 落花生をフードプロセッサーにかけてペースト状にする。生クリームと砂糖を加えて攪拌し、クリーム状にする（攪拌の時間が長過ぎるとボソボソした食感になるので注意する）。
② 薄力粉、ベーキングパウダーを合わせてふるい、抹茶をふるい入れる。
③ ボウルに卵黄を入れ、牛乳、②の粉類を加えて泡立て器で混ぜる。
④ 別のボウルに卵白を入れて、グラニュー糖を3回に分けて加え、その都度、しっかりと泡立ててメレンゲを作る。
⑤ ④の3分の1量を③のボウルに入れ、ゴムべらでよく混ぜてから残りのメレンゲを加え、切るように混ぜる。
⑥ 弱火で温めたフライパンに油を薄く塗り、6等分にした⑤を間隔を開けてスプーンなどですくって落とす。生地にかからないように水大さじ1（分量外）を加え、すぐに蓋をして、約5分蒸し焼きにする。
⑦ 薄く焼き色がついたらフライ返しなどでそっと裏返し、生地にかからないように大さじ1（分量外）の水を加え、すぐに蓋をして約5分蒸し焼きにする。生地を押して弾力を感じれば、火が通っているので取り出す。
⑧ 皿に⑦を盛り、落花生クリームをかけ、飾り用の落花生を散らし、抹茶を振る。

十月　今、この瞬間も進化を続けていく二人

前へ前へと進む言葉を紡ぐ

一年にわたる「Then and There」の最終日、私とキッチンさんは、朝日が昇る久松農園の畑を見てみたいと、早朝から久松さんに畑を案内してもらった。

空が藍色からオレンジ、淡いピンクの混じったスカイブルーへと明るくなっていく。

輝きを増す陽の光を浴びて暗闇から色を取り戻していくのは、葉の高さが揃い、途切れることなく畑の奥まで続く畝。何本も等間隔で並ぶ緑のリボンは、ため息が出るほど美しい。

フリルレタスの間を一人歩く久松さんのシルエットには、簡単には近づけないような、それでいて穏やかな空気もまとう静けさがある。

ふと足を止め、久松さんがかがみ込んだ。畝の上で丸い体をぴったりと寄せ合うフリルレタスをじっと見つめている。そして、そっと葉に触れた。まるで久松さんとフリルレタスたちが、声にならない親密な会話を交わしているかのようだ。

この日は気温が上がるにつれて北西の風が強まった。

先月からの一カ月の間、久松農園にはショックなできごともあった。

九月三十日、日本に上陸した台風二十四号の強風で、出荷場の向かいにあった農機具置き場の屋根が破壊されてしまったのだ。

しかし、久松さんのかけ声で農園のスタッフは団結。すぐに丸二日かけて、壊れた屋根の資材をすべて片づけた。

「ショックでしたけど、精神的に引きずり、ふだんの生産性が落ちてしまう二次災害のほうが絶対にダメじゃないですか。だから、すべての仕事を中断して、完全に解体しよう、一回忘れようって、みんなに言ったんです」

そう話す久松さんには、忘れられない思い出があった。一人で農園を始めたばかりの頃だ。見よう見まねで造ったビニールハウスが春の強風でつぶれてしまったことがあった。

しかし、畑の作業に追われ、片づける暇がない。放置していたところ、顔見知り程度だった農家の先輩が声をかけてきた。

「放っておくのは精神衛生上よくない。手伝ってやるから、すべての仕事をやめて片づけなさいと忠告されたんです。その通りだなと思いました。以来、僕も同じ状態になっている他の農家を見かけたら、手伝いに行くようにしているんです。今はスタッフも一緒に行きます。こういうことで立ち直れるか、立ち直れないかが、じつは農家には大きいんです」

久松さんは淡々と話したが、私はこの話を聞いて、久松さんのたくましさと懐の深さをあらためて感じることになった。

自然を相手にする農業は、どれほど備えていても、不測の事態は起こる。ましてや、ビニールハウスや

この日の取材ではテントウ虫も顔を見せてくれた

灌水設備も整いつつあるとはいえ、久松農園の畑はほとんどが露地。当然、気まぐれな天候に振りまわされる。

私が通った、たった十二日間でも、大雪や体の芯まで凍える寒さと風、体を焼き尽くすような酷暑、水不足や台風もあった。久松さんが取材日の直前にインフルエンザに倒れ、回復したばかりの体で応対してくれたこともあった。

けれど、どんなときも久松さんは、それらを受け入れながら、自らも鼓舞するかのように前へ前へと進む言葉を語っていた。地にしっかりと足をつけて働く人の強さを教えられた一年だった。

また新しい次の一年へ

十月の畑めぐりは、一年間の「Then and There」で一番、心地よい天候になった。空は青く広がり、風は強いが、太陽の日差しが体を温めてくれる。

台風二十四号の強風にあおられ、一時はばったりとすべてが同じ方向に倒れていた冬ねぎも復活。今日はしゃんと天に向かって立っている。

「やっぱり、ちゃんと生き残りますよね。僕がこいつらにしてやれることは、たまった雨水の排水性をよくすることとくらいなんですけど」と久松さんは言う。

台風のダメージから早く回復できたのは、栽培管理が適切なタイミングで行われ、根の生長がよかったからだ。

防虫ネットを先週はがしたというキャベツ畑では、渉さんが「けっこう株間が狭くないですか？」と気

づいた。

大きいキャベツに対し、一般家庭の契約者から「使い切れる量が欲しい」という声があったことから、この畑の今作は小さく育つように、植えつけの設計を変えた。苗を植える列が三条（列）の畝で株間三〇センチで植えつけるのは、キャベツの作り方では少し狭めなのだという。

キャベツ同士が近づいて育つことで、お互いの存在が影響し合い、小ぶりに育つ。私たち人間が混雑した電車の車内で、体を縮め合うようなからくりだ。株間を狭く育てることで、冬の間、寒さから身を守る役目も果たす。

春菊の畑を前にしたときの久松さんと渉さんは、食べ方談議になった。

「生で食べるなら、これくらいのフレッシュさがいいかもしれない。春菊のサラダ、いいですよね」と渉さんが言えば、久松さんは「もうちょっとしてから、霜が降りて葉が枯れてきてからのほうがおいしいと思う。春菊って鍋の基本食材なのに寒さに弱い。茨城の露地だと十二月半ばが限界。需要期が旬とずれている作物としては、いちご並みなんだよね」と答える。

久松さんが畑の移動中、車を止めた。以前も立ち寄った、こぼれ種のからし菜が育つ場所だ。今日もからし菜のそばにかがみ込み、「個人的には、こぼれ種のからし菜が好きなんですよね」と笑う。

久松さんは、野菜の質感や色合いなどの良し悪しを表現するとき、「顔」の言葉を使う。こぼれ種のからし菜にも、「天候が悪いと、自生しているものほど顔色が悪いですよね。それがまた面白い」と愛おしそうだ。

白菜の畑では今年の一月にも目にした「冬月90」とミニ白菜の「愛姫」が栽培されていた。結球は始まっているが、今はまだ小さく、外葉が少し丸まりかけたところだ。

こうして十月の畑をめぐると、久松農園の次の冬が始まっていくことがよく分かる。新しく育つ白菜を眺めながら、ようやく私のなかで久松農園の一年の輪がつながったと感じた。

「Then and There」を追いかけようと決めたとき、私の心のなかには一つの思いがあった。きっかけを作ったのは、久松さんの自著『小さくて強い農業をつくる』のある部分だった。

久松農園は定期購入する個人会員と飲食店に支えられている。そのなかには購入をやめてしまった人もいる。久松さんは定期購入をやめた人の名前をすべて残していた。そして、たまにそのリストを眺めながら、「今のクォリティでもう一度チャレンジさせてもらえたら」と考えているのだという。

久松農園は露地栽培ゆえに、悪天候や作業工程の読み違いで野菜のできあがりにバラつきが出ることがある。端境期には、出荷する野菜のやりくりにも苦労する。それらを乗り越え、「おいしい」と喜ばれる野菜を届けるために、久松さんたちは日々、格闘し、より高いステージを目指している。

しかし、購入している側は、栽培の現場を知る機会は少ない。農園見学に参加しても、畑の一年を考えれば一瞬だ。なぜなすの色が薄く、皮に傷がついているのか、なぜトマトが崩れそうなほどやわらかいのか、畑から続く物語を知らなければ、不良品が送られてきたと勘違いするかもしれない。

なすの傷は風に揺られてできたものだし、色の薄さは日照不足からだ。ト

久松農園ではラディッシュの栽培も行っている

秋冬のキャベツは葉がしっかりし、春キャベツより力強い

マトがやわらかいのは味を優先し、熟すのをぎりぎりまで待っていたからだ。そうと分かれば、野菜を通して久松さんたちの働く姿とおいしさにかける思いが伝わってくる。

そして、継続して定期購入するうちに、「去年よりおいしく感じるのは、栽培法をまた何か工夫したのかもしれない」「今年は雨が続いたから、この色になったのかな」と、届く野菜への見方は変わってくるだろう。

久松さんは自著でこう語っている。顧客を失望させたり、迷惑をかけないように最良の野菜を届けることは、どの農家にとっても大切だ。けれど、すべての野菜を直接届けている久松さんたちにとって、顧客からの反応はやはり並大抵のストレスではない。栽培への意欲にもダイレクトに響いてくる。

そして、「怒られて、落ち込む。そういうキリキリした思いをしているからこそ、おいしいと言ってもらった時の喜びも大きい」と。

私はこの部分を読んで、久松農園の野菜が育つ姿をもっと多くの人に届けられないかと考えた。これほど人を励ます力がある野菜を知らない人がいるのは、もったいなかった。私のように畑で野菜が育つ姿をよく知らない人にこそ、久松農園の野菜は必要だ。路地畑でたくましく、うまみを蓄えて育った野菜たちは、生きる力を与えてくれる。そして、料理人として久松農園の野菜を誰よりも知る渉さんの視点とレシピを知れば、もっと深く味わい、楽しむことができるだろう。

多少、畑の取材をしたことがあるとはいえ、農業の基本もろくに知らず、好奇心の赴くまま飛び込んだこの一年、野菜の品種や栽培方法、農園のこだわりを熱心に語ってくれる久松さんの姿を私はどれほどしっかりと文章にできただろうか。私より農業や野菜に詳しい人が読めば、足りない部分は多々あるだろう。それでも門外漢だからこそ、足を踏み入れて初めて知った物語を伝えることで、生活の場と野菜畑が遠く離れている人たちに何か届けることができたのではないかと思う。

今、日本は社会のあちこちで頼るべきものが揺らいでいる。未来が見通せず、将来に不安を抱えている人は多い。しかし、大地にしっかりと足をつけている久松さんたちの畑に向かう姿勢と野菜のおいしさは、私たちの背中をしゃんとさせてくれる。そしてまた歩き出す勇気をくれる。

食べることは生きること。この言葉を「おいしい」という体の感覚を通じて教えてくれるのが、久松さんの野菜であり、渉さんの料理なのだ。

進化を続ける野菜と料理

「Ｔｈｅｎ ａｎｄ Ｔｈｅｒｅ」の最終日は、最後に畑で渉さんの料理を食べながら、二人に語り合ってもらっ

た。

メインの野菜は、熟成されたうまみがしっかり詰まった貯蔵のじゃがいもだ。

「どうやって作ったの？　ケールの味が甘いね」と久松さんが聞いたのは、クリーミィなポテトピューレの上にケールの煮込みとポークローストを重ねた一品。渉さんは、「牛乳とバターに、熟成されたじゃがいもを使ったからできるんです。新じゃがだったら、さらさらになります」と説明した。

そして、二人の会話は、うまみ談議から干ししいたけのだしの話に。干ししいたけを生のしいたけと同じ水分量で戻した場合、干ししいたけのほうがうまみを強く感じる。それと同じように肉から取っただしを煮詰めてソースにするときは、だしを一度に全部、煮詰めたものよりも、一部を取り出して限界まで煮詰め、残していただしを加えたほうが、うまみを強く感じる。煮詰めてできあがっただしの総量は同じでも味の感じ方が違ってくるのだ。

「面白いね」

久松さんからの調理の質問に答えたり、12月の「Spot and Table」のアイデアを話す渉さん

久松さんは「料理は下手」と言うが、自ら調理した料理を畑訪問した親しい人たちにふるまい、野菜の感想を聞くこともある

久松さんが、カリカリに焼けたじゃがいものガレットと春菊をほおばりながらつぶやいた。

そしてさらに話は今日の料理の作り方から、料理と農業の比較、十二月に予定されている第六回の「Spot and Table」の相談まで広がっていく。

私はそんな二人の熱のこもった話を聞きながら、渉さんが取材で語った言葉を思い出していた。

「久松農園はらせん状に上に向かって進化していく農園だと思うんです。一年が終るごとに次の、さらに上のステージに立っている。一カ所にとどまらず、進化し続けているんです。僕たちのCONVEYも追いていかれないように、ついていきたいですね」

その言葉通り、「Then and There」の取材を始めてから一年経った久松さんと渉さんの姿には、去年とは違う何かをつかんだ力強さがあった。

私が見つめてきた二人の姿は、二〇一七年の十一月からの一年間だけ。この本が読者の手元に届く頃には、より高い次元で、また新たな輝きが加わっているだろう。

久松達央さんと横田渉さんは今、この瞬間も進化を続けているのだ。

十月の料理

- ローストポーク
  ポテトピューレ添え
- クラッシュポテト
  葉わさびのヨーグルトをかけて
- じゃがいもガレットのサラダ仕立て

ローストポーク　ポテトピューレ添え

ジューシーな豚肉を包み込む濃厚ピューレ

秋が深まるにつれて、渉さんの料理も加熱時間が長くなってきた。とはいえ、冬ほどじっくり焼いたり、煮込んだりすることはない。

この料理も、じゃがいものピューレに豚肩ロース肉がどんとのり、見た目は大胆だが、味は軽やかだ。豚肩ロース肉の表面がカリッと焼け、なかはジューシー。そのおいしさをやわらかくねっとりしたピューレが濃厚に包み込んでくれる。

豚肩ロース肉にのっているのは、ケールの煮込み。にんにくと赤唐辛子でスパイシーに仕上げられている。薬味に添えた自家製豆板醤も、久松農園のそら豆を使って渉さんが作ったオリジナルだ。

「アメリカでポテトピューレを作るときは、乳脂肪分が三六〜三八パーセントあるヘビークリームとバターをたっぷり使って

竹串がすっと通るくらい、やわらかくなるまで塩ゆでする

いました。でも、貯蔵じゃがいもに濃厚なクリームは不要です。牛乳で充分、ねっとりしたテクスチャーになります」

この料理に使われたじゃがいもは、貯蔵中に水分が抜けたことで採れたてよりも食感は重くなる。しかし、渉さんはじゃがいもにバターを塗ったのとも違う、じゃがいもそのものを食べているような味を引き出したかったのだという。理由はあと味が違ってくるからだ。

あと味がすっきりしていると食べ飽きることがない。渉さんはつねに食べたあとの余韻まで考えてレシピを組み立てているのだ。

ポテトピューレをおいしく作るポイントは、ゆでるときの塩加減にある。ゆでたときに味が決まるように、塩を多めに加える。フードプロセッサーにかけてから味をととのえようとすると、塩けの口当たりが強くなる。これもあと味に響いてくる。

豚肩ロース肉を焼くときは、中火でじっくりと。強火で焼くと、香りはいいのだが、肉がかたくなりやすい。

「肉に香ばしさが欲しい場合は、逆に強火で焼くこともあります。香りを取るか、食感を取るか。どちらが欲しいかを考えて火加減を調節すると、肉の調理がもっと面白くなりますよ」

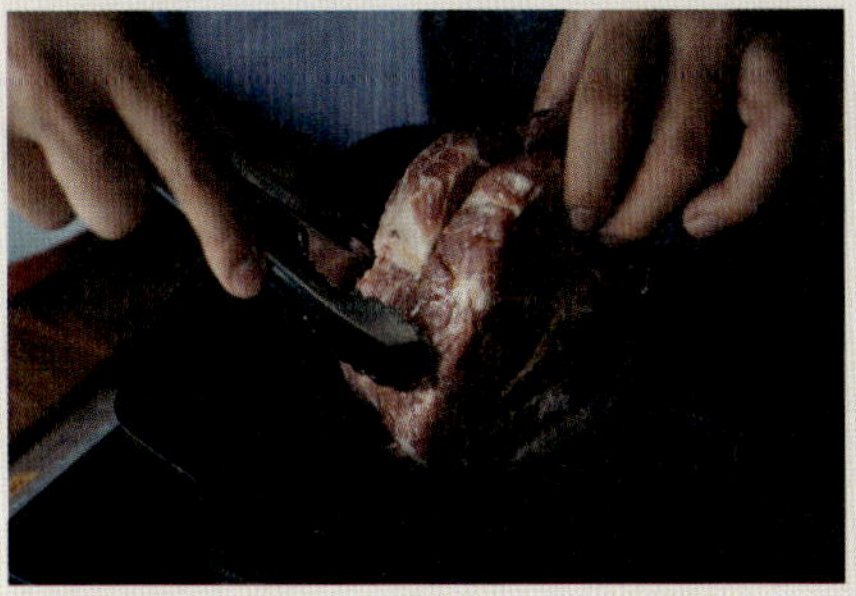

豚肩ロース肉は側面から焼き、表面に焼き目をつけていく

牛乳とバターを加えたじゃがいもをフードプロセッサーでペースト状にする

ローストポーク ポテトピューレ添え

材料（4人分）

豚肩ロース肉……600g（300gを2枚）
塩……少々
黒こしょう……少々
オリーブオイル……大さじ1

〈ポテトピューレ〉
赤じゃがいも（皮をむき、5cm角に切る）…… 8個（550g）
水……600ml
塩……6g
牛乳……200ml
バター……25g
塩……少々

〈ケールの煮込み〉
ソフトケール（一口大に切る）……4枚
玉ねぎ（薄切り）……1/2個
にんにく（皮をむいて薄切り）……1片
赤唐辛子（粗みじん切り）……1/2本
オリーブオイル……大さじ1
白ワイン……50ml
塩……ひとつまみ

自家製豆板醤（市販のホットソースでもよい）
……大さじ1

作り方

① 深めのフライパンにケールの煮込み用のにんにく、赤唐辛子、オリーブオイルを入れて、中火で熱し、香りを出す。玉ねぎを加えて半透明になるまで炒める。ソフトケール、白ワイン、塩を加え、弱火で煮込む。汁が煮詰まってもケールがかたい場合は、水を加えてやわらかくなるまで煮込む。

② 水600mlを沸騰させ、塩6gを加えてじゃがいもを入れ、竹串がすっと入るまで約15分、塩ゆでにする。ゆで汁を捨て、じゃがいもだけ鍋に戻し、牛乳とバターを加えて軽く沸騰させる。じゃがいもを汁ごとフードプロセッサーにかけ、ペースト状にし、塩で味をととのえる。ピューレがかたい場合は別に温めた牛乳（分量外）で調節する。

③ 肉に塩、黒こしょうを振る。熱したフライパンにオリーブオイルを入れ、トングを使い、豚肉の側面の脂身を押しつけるようにして中火で焼く。脂が溶け出し、脂身が色づいてきたら火を弱め、肉の両面をそれぞれ約7分ずつ焼く（手で触ってみて、肉が引き締まっていれば火が通っている）。

④ 網にのせてアルミホイルをかけ、コンロの脇などの暖かい場所に約5分置く。

⑤ 皿にポテトピューレ、ケールの煮込み、ローストポークの順に盛り、さらにケールの煮込みを飾り、豆板醤を添える。ローストポークが冷めていたら、熱したフライパンでさっと表面を温めてから盛る。

クラッシュポテト 葉わさびのヨーグルトソースをかけて

貯蔵のうまみを酸味で引き立てる

渉さんがゆでた赤じゃがいもをボウルの底で押し、平らにつぶし始めた。赤い皮からところどころ白い部分がはみ出している。その赤じゃがいもをオリーブオイルを熱したフライパンへ。ちりちりと焼ける音が心地よく、香ばしい匂いが漂ってくる。

「貯蔵されたじゃがいもは水分が適度に抜け、もっちりした食感が出てきます。糖類の増加で甘みが増すのです。そのよさを生かしました」

じゃがいもをつぶしたのは、表面積を広げ、カリッとした部分を増やすためだ。

こんがりと焼かれた赤じゃがいもにのっているのは、葉わさびとレモン汁を混ぜたヨーグルトソース。食べてみると、赤じゃがいもの表面は香ばしく、なかはもっちり。ソースのさわやかな辛みと酸味が赤じゃがいもの凝縮されたうまみに重なる。

ゆでたじゃがいもをボウルの底などで平らにつぶす

「野菜を生で食べると苦みや甘み、酸味をストレートに感じます。食べ始めはおいしくても、長くは食べ続けられません。直球過ぎて飽きてしまうんです。そこで、活躍してくれるのが油分です。油が舌の味蕾《みらい》に膜を張り、刺激に強弱をつけてやわらげてくれます。だからバランスが取れ、まろやかに感じるんです」

しかし、油分には食べ物を飲みこんだあとも口に残りやすいという性質がある。そのため、あと味が重くなりやすい。そこで活躍するのが酸味だ。この料理でもヨーグルトとレモンの酸味が口のなかの油を洗い流してくれるので、次の一口をさわやかに食べることができる。

葉わさびを使ったのもあと味をすっきりとさせるためだ。このソースをすりおろした根わさびで作ると辛みのほうを強く感じてしまう。根を使う場合はせん切りにするといい。辛みと香りのバランスが取れる。

渉さんはこの料理をラムのミートボールにミントを混ぜたヨーグルトソースをかけて食べるレバノン料理から発想を得た。肉にも負けない久松農園のじゃがいもの味の深さ。野菜料理の面白さを教えられる料理だ。

皮がパリッとなるまで表面をこんがりと焼く

ソースは粗みじん切りした葉わさびとヨーグルトを混ぜ、レモン汁を加える

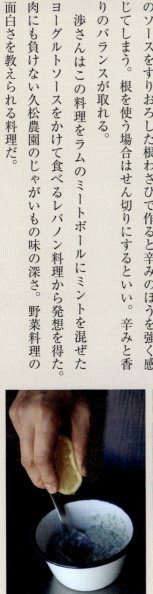

クラッシュポテト 葉わさびのヨーグルトソースをかけて

材料（4人分）

赤じゃがいも（小さめ・サイズが大きい場合は、ゆでてから切る）……8個
オリーブオイル……大さじ3

〈葉わさびのヨーグルトソース〉
ヨーグルト……100g
葉わさび（粗みじん切り。わさびのすりおろし小さじ1〜2で代用可）…… 4本
レモン汁……小さじ2
塩……小さじ1/2
黒こしょう……少々

ラディッシュ（4つに切る）……2個
オリジナル潮カツオスパイス（パプリカパウダーでもよい）……少々

作り方
① じゃがいもは竹串がすっと入るまで、約30分、塩ゆでする。
② ボウルの底などの平らな面で、じゃがいもが砕けてバラバラにならないように力を加減しながら、押しつぶす。
③ 熱したフライパンにオリーブオイルをひき、②を並べ、中火で両面を約5分ずつ、色よく焼く。キッチンペーパーの上に取り出し、油をきり、塩を振る。
④ ソースの材料を混ぜる。
⑤ ③を皿に円形に盛り、④をかける。ラディッシュを中央に盛り、オリジナル潮カツオスパイスをじゃがいもに振りかける。

じゃがいもガレットのサラダ仕立て

さっくり感にフレッシュ葉物の絶妙コンビ

じゃがいもの魅力の一つは、油で揚げたときのカリッとした香ばしさだ。このガレットは、そのカリカリ感がたっぷり楽しめる。

「じゃがいもは『トヨシロ』という品種です。ポテトチップスにも使われ、油で揚げるとサクサクした食感が味わえます」

渉さんはじゃがいもをせん切りにし、塩、黒こしょうを振ってしんなりさせ、中火に熱したフライパンに平らに敷き詰めた。両面をそれぞれ五分ほどかけて焼くと、丸いガレットができあがる。

「せん切りの太さが揃っていないと火の通りもバラバラになり、クリスピーに仕上がりにくくなります。包丁で切るのが難しい場合は、せん切り用のスライサーを使ってみてください」

ガレットに添えられたのは、春菊やフリルレタスなどの葉野

せん切りの太さを揃えるのがコツ。スライサーを使うとよい

菜。やさしい甘みのハニーマスタードドレッシングをかけて食べる。

「レタスなどの葉物はうまみが増してくる時期です。そこで、甘めのドレッシングで味のバランスを取りました」

ドレッシングに使うのは、まろやかで原料の味がしっかり感じられる「富士酢」。京都府宮津市にある「飯尾醸造」は、無農薬の米作りから醸造までを自社で手がけている全国でも珍しい醸造元だ。

渉さんは「Then and There」の面白さは、一期一会の野菜との出会いに刺激され、発想を自由に広げられることだと言う。

同じ品目でも今年、収穫された野菜は、去年とはうまみもテクスチャーも違っている。天候や栽培の違いによって、味が違ってくるからだ。

「その変化を感じながら料理をすることで、自分も進化できるのだと思います。久松さんの野菜を使って、どうすれば、もっとおいしい料理ができるのか。これからも、その追求の旅は終わることがないでしょうね」

せん切りのじゃがいもをフライパンの底に平らに敷く

フライ返しで軽く押しつけながら、焼き目をつけていく

じゃがいもガレットのサラダ仕立て

材料（4人分）

じゃがいも（トヨシロ）……2個（280g）
塩……小さじ1/2
黒こしょう……少々
オリーブオイル……大さじ2

〈ハニーマスタードドレッシング〉
酢……10ml
はちみつ……3g
粒マスタード……6g
塩……2g
黒こしょう……少々
米油……20ml

葉野菜（春菊、ブラックローズレタス、フリルレタスなど）……適量
フレッシュグリーンペッパー（挽きたての黒こしょうでもよい）……お好みで

作り方

① じゃがいもは皮をむき、スライサーか包丁でせん切りにする。ボウルに入れ、塩、黒こしょうを振り、手で混ぜ合わせてなじませる。じゃがいもがしんなりするまで約5分置く。
② 中火に熱したフライパンにオリーブオイルを入れ、じゃがいもを加えて、円盤状に形を整える。両面を約5分ずつ色よく焼き、皿に盛る。
③ 葉野菜を②にのせて、フレッシュグリーンペッパーを散らす。ドレッシングの材料を混ぜ、まわしかける。

あとがき

ゴツゴツした、とても不格好な文章になるかもしれない。けれど、本物の野菜のおいしさを知りたい人の心に届く、滋味深い本にしたい。

この本の企画を立ち上げたとき、私はそう思いながら、「間違いなくこれまで編集や構成として関わってきた本とは違う、茨《いばら》の道を進むことになる」と武者震いした。理由の一つは料理については多少の知識はあったが、農業の現場を知らない人間が畑を追う無謀な挑戦をしたこと。もう一つは、本の作り方として、身につけてきたライターとしての手法をあえて外そうと試みたことだ。

一般的に本を作る場合、作り手側はプロセスからゴールまでを見通して執筆・編集を進めようとする。仕上がりを考えると制作の途中でブレが少なく、間違いがない。私も長年、正攻法で作ってきたが、『久松農園のおいしい12カ月』はこれまでのセオリーが通用しないだろうと思った。

久松さんは質問をすると、データや豊富な知識を基にロジカルに教えてくれる。とても勉強になるのだが、私は理路整然と話す久松さん以上に、畑と野菜を愛おしそうに眺め、渉さんに本音を語る姿に魅力を感じていた。農園オーナーとしての姿だけでなく、一人の農業人としての顔も伝えたかった。

そのために私は、「取材を手放す」というライターとしては失格とも言える手法を選んだ。

なぜそうしたかといえば、長年、数多くの人に話を聞き、原稿を執筆してきたが、取材の限界に気づかされたことがあったからだ。

東日本大震災の遺族が見る夢の本を作ったときだった。編者の金菱清《かねびしきよし》先生は社会学者として震災発生直後から、マスコミの報道では伝わってこない被災者の小さな声を丹念に拾い、毎年、ゼミ生と共に本にしている。

夢の本もその一冊なのだが、出版後、金菱先生がイギリス人ジャーナリストのリチャード・ロイド　パリーさんと対談したことがあった。パリーさんは夢の本と同時期に、大川小学校の悲劇を中心にした渾身のノンフィクションを出版していた。

ジャーナリストの立場から話すパリーさんに対し、金菱先生はこう語った。

「インタビューには、取材相手を無意識に強くあろうとさせてしまう『負の面』もある。（中略）当事者の話を聞くことで何か分かると思っていたけれど、他人に語らない部分にこそ、社会が注目すべきものが逆に映し出される」のではないかと。

久松農園に通い始めた私はこれまでの取材方法では、久松さんが畑や野菜を眺めるときに見せる、やさしく、やわらかい表情がすっと引っ込んでしまうことに気づいた。質問の答えとして栽培や畑の様子を語り始めると、オーナーの顔に戻ってしまうのだ。

もちろん、そこには私の知識不足による取材の至らなさが多々あった。久松さんはオープンマインドの人であり、決して意識して変わっているわけではない。だが、人は「取材を受ける」立場になると、どうしても身構えてしまう。

また、農園のオーナーとしての姿を伝えるのであれば、執筆にも長けた久松さんが自身の筆で語ったほうがずっとよく読者に伝わる。私が書く意味があるとすれば、久松農園のおいしさを支える農業人として、その横顔も含めた久松さんを綴ることができたときだ。そして、信頼する渉さんとの関係まで伝えることで、久松農園が有機農家として稀有な存在であることを浮かび上がらせることができるのではないか、と考えたのだ。

では、どうすればいいのか。悩んだ末に出した答えが同じ時間を過ごすことに徹し、私が目にした姿、耳にした話を丸ごと受け止め、文章に書き起こしていくことだった。

この手法は渉さんに対しても、ほぼ同様に使うことになった。

渉さんは言葉を慎重に選ぶ。冗舌に語るタイプではない。その言葉の意味を考え、文章にしていくには、渉さんの表情や行動に注視しながら、同じ時間を過ごす必要があった。そして、語った言葉をフックに料理の発想の源を探っていった。

そうして毎月の畑の様子や料理、出会ったできごとを旋網漁《まきあみ》のように丸ごと集め、そのなかから「おいしいとは何か。食べることとは？」という問いの答えに向かって力業でまとめていったのがこの本だ。原稿の至らない部分は、キッチンさんの写真が補ってくれた。

読んだ方が久松農園にいるような気持ちになり、栽培されている野菜と渉さんの料理の魅力に引き込まれ、おいしいものを食べたときのように心が和らぎ、元気が湧いてくる本であれば、と願っている。

私の初めての著書に、人が生きるときの支えになる「おいしさ」にこだわり続ける久松さんと渉さんの物語を綴ることができたのは、とても幸運だったと思う。取材のスタートから本の完成まで、時に私のわがままに呆れながらも根気よくつきあってくださった久松達央さんと横田渉さん、松木絵美奈さんには、言葉に尽くせないほどの感謝しかない。

久松農園スタッフの皆さんが忙しい作業の合間に、いつも笑顔で取材に答えてくださったことにも、改めてお礼を申し上げたい。農園に通った日々が、今はすべて私の宝物になっている。

また、原稿を書き始めてからは、ふわふわとそこにある雲のような存在をいかに文章に落とし込むか、迷うことも度々だったが、キッチンミノルさんの写真がたどり着きたいゴールまで併走してくれた。予定のレールに沿って撮るのではなく、その瞬間にキッチンさんが「シャッターを切ろう」と感じるまま撮影してくれた写真には、どれも久松さんと渉さんの間に漂う空気が写し出されていた。畑の匂いや土の手触り、料理の香りと味まで蘇る写真を撮ってくれたキッチンさんがいなければ、この本は完成しなかったと思う。心からの「ありがとう」を伝えたい。

自由な本づくりの世界を与え、完成まで辛抱強く待ってくださった版元の「エイアンドエフ」会長の赤津孝夫さん、キッチンさんの素晴らしい写真と私のつたない原稿を結びつけ、素敵なデザインにしてくださった装幀家の芦澤泰偉さん、芦澤泰偉事務所の児崎雅淑さん、険しい道のりにへこたれそうな私を叱咤激励してくださった編集の武居智子さん、的確で頼りになる指摘をしてくださった校閲の広浜千絵さんにも深く感謝している。

二〇一九年十二月吉日

角田奈穂子

［参考資料］

『新潮新書 キレイゴトぬきの農業論』（久松達央著／新潮社）
『小さくて強い農業をつくる』（久松達央著／晶文社）
『やっぱり肉料理 カリフォルニア・キュイジーヌのとっておきレシピ』（横田渉著／大和書房）
『農学基礎セミナー 新版 農業の基礎』（生井兵治・相馬暁・上松信義編著／農山漁村文化協会）
『農学基礎セミナー 新版 野菜栽培の基礎』（池田英男・川城英夫編著／農山漁村文化協会）
『農学基礎セミナー 作物の生育と環境』（西尾道徳・古在豊樹・奥八郎・中筋房夫・沖陽子著／農山漁村文化協会）
『農学基礎セミナー 病害虫・雑草防除の基礎』（大串龍一著／農山漁村文化協会）
『有機栽培の基礎知識』（西尾道徳著／農山漁村文化協会）
『土と微生物と肥料のはたらき』（山根一郎著／農山漁村文化協会）
『食品図鑑』（平宏和総監修・芦澤正和・梶浦一郎・竹内昌昭・中井博康監修／女子栄養大学出版部）
『世界を変えた野菜読本』（シルヴィア・ジョンソン著・金原瑞人訳／晶文社）
『世界の食用植物文化図鑑』（バーバラ・サンティッチ、シェフ・ブライアント著・山本紀夫訳／柊風舎）

［撮影協力］

エイアンドエフ
久松農園
CONVEY

久松達央　ひさまつ・たつおう

1970年、茨城県生まれ。1994年、慶應義塾大学経済学部卒業後、「帝人」入社。工業用繊維の輸出営業に従事。「帝人」退社後、農業研修を経て、1999年、「久松農園」を設立。現在は7名のスタッフと年間100品目以上の有機野菜を栽培し、契約消費者と飲食店に直接販売。著書に『キレイゴトぬきの農業論』(新潮新書)、『小さくて強い農業をつくる』(晶文社)

横田 渉　よこた・わたる

1980年、岡山県生まれ。調理師専門学校卒業後、渡仏。帰国後、「Narisawa」に5年間勤務。2007年、渡米し、ナパバレー、サンフランシスコなどの飲食店勤務を通じて生産現場と料理の距離が近い「カリフォルニア・キュイジーヌ」を学ぶ。現在は「food&design　CONVEY」を料理家・松木絵美奈と運営。フードコンサルティング、イベントの料理制作、プライベートシェフ等で活動。著書に『やっぱり肉料理』(大和書房)、『男子厨房　居酒屋料理』(成美堂出版)、『THE REAL Japanese Izakaya COOKBOOK』(TUTTLE)

角田奈穂子 つのだ・なおこ
1963年、宮城県生まれ。東北学院大学経済学部卒業。「ピエ・ブックス」「縄文社」を経て、1992年、フリーライター・エディターに。『AERA』『オレンジページ』をはじめ、多数の雑誌・新聞・書籍の執筆・編集に携わる。2015年、企画編集・出版・PRを手がける「株式会社フィルモアイースト」設立。

A&F

久松農園のおいしい12カ月

2019年 12月20日 第1刷発行

著者 角田奈穂子

発行者 赤津孝夫
発行所 株式会社 エイアンドエフ
〒160-0022 東京都新宿区新宿6丁目27番地56号 新宿スクエア
出版部 電話 03-4578-8885

協力 久松達央・横田渉
撮影 キッチンミノル

編集 武居智子
校正・校閲 広浜千絵

装幀 芦澤泰偉
本文デザイン 児崎雅淑(芦澤泰偉事務所)

印刷・製本 株式会社シナノパブリッシングプレス

Published by A&F Corporation
Printed in Japan
ISBN978-4-909355-15-7 C0095